臺灣歷史與文化 研究輯刊

十 三 編

第 19 冊

蕭乾源及高雄旗峰吟社研究（上）

陳宛萱 著

花木蘭文化事業有限公司

國家圖書館出版品預行編目資料

蕭乾源及高雄旗峰吟社研究（上）／陳宛萱 著 — 初版 — 新
北市：花木蘭文化事業有限公司，2018〔民107〕
目 6+148 面；19×26 公分
（臺灣歷史與文化研究輯刊 十三編；第 19 冊）
ISBN 978-986-485-311-3（精裝）
1. 旗峰吟社 2. 臺灣詩 3. 臺灣文學史
733.08   107001609

ISBN-978-986-485-311-3

9 789864 853113

臺灣歷史與文化研究輯刊
十三編　第十九冊　　　　　　ISBN：978-986-485-311-3

蕭乾源及高雄旗峰吟社研究（上）

作　　　者　陳宛萱
總 編 輯　杜潔祥
副總編輯　楊嘉樂
編　　　輯　許郁翎、王筑　美術編輯　陳逸婷
出　　　版　花木蘭文化事業有限公司
發 行 人　高小娟
聯絡地址　235 新北市中和區中安街七二號十三樓
　　　　　　電話：02-2923-1455 ／傳真：02-2923-1452
網　　　址　http://www.huamulan.tw 信箱 hml810518@gmail.com
印　　　刷　普羅文化出版廣告事業
初　　　版　2018 年 3 月
全書字數　245249 字
定　　　價　十三編 24 冊（精裝）台幣 60,000 元

蕭乾源及高雄旗峰吟社研究（上）

陳宛萱　著

作者簡介

陳宛萱，1980 年出生於台灣屏東，國立高雄師範大學國文系學士，國立屏東大學中國語文學系
碩士，現爲國中國文教師，本論文曾獲國立台灣文學館 2016 年台灣文學傑出博碩士論文獎佳作。

提　　要

　　清朝時期，旗山受限於地理位置與官方消極統治，發展不大。日治時期，旗山因日方積極
開發逐漸成爲繁榮城鎮，文藝風氣也隨之興盛。昭和 4 年（1929）蕭乾源等人創立旗峰吟社，在
市街上新式洋房、鸞堂以及名勝場所舉辦集會，經常參與報章徵詩競作，主辦各項詩會活動，
不僅拓展旗美地區的漢詩空間，也豐富了地方詩藝及人文內涵。

　　蕭乾源是地方知名實業家，也是旗美地區閩客文人交流的典範，因鍾情古典詩學而創立詩
社，肩負地方漢學的傳授工作，內心雖懷有民族意識，但現實生活中，仍是旗山市街上安分守
業的仕紳文人，在官方允許空間下，以維護鄉里、明哲保身的政治立場，追求自我詩學成就。
他所創立的旗峰吟社，是日治以來旗山地區古典文學代表，以切磋詩藝，傳授古典詩學爲宗旨，
是具有社交功能的文學性社團，不僅開啓旗山市街寫詩風潮，也讓漢詩走入市井，成爲旗美地
區推廣漢學的重要組織。只是戰後受到時代變遷、官方態度、擬宗族性的結構組織、無法現代
化經營等問題，使得傳統詩社漸失舞台。目前因社員大幅萎縮，加上經費短缺，個別運作困難，
已併入高雄市詩人協會。

　　本論文首先透過地理空間（旗山市街興起）政治態度（官方支持詩社發展）以及社會風氣（台
灣古典詩蓬勃）三方面 說明日治時期旗峰吟社創立過程 活動概況 觀察詩社所呼應的時代現象，
及對旗美地區閩客族群融和的助益。接著探究蕭乾源（1913～1984）生平與文學交遊，析論漢
詩內容題材與藝術特色，以深入了解詩人創作意涵。最後說明旗峰吟社其他詩人詩作、傳承現
況與發展困境，冀望詩社能以現代化策略，透過網路論壇與聯吟大會等虛實平台，結合政府與
藝文團體的支持，積極引導古典詩壇走向現代化，以堅定的傳統姿態，迎向新時代考驗。

　　筆者以「蕭乾源及高雄旗峰吟社研究」爲題，蒐羅保存旗峰吟社文獻及詩人詩作資料，重
新建構蕭乾源個人文學生命歷程，見證日治至戰後台灣古典詩學的演變，除了補充台灣區域文
學內容外，也爲詩社及詩人留下更清晰完整的影像及定位，期能給予默默賡續漢學的詩人們一
個肯定。

第一章　緒　論

第一節　研究動機與目的

　　旗山市街舊稱蕃薯藔街，因為地理位置重要，清代即在此設官治理，並逐漸形成市集。日治時期官方將廳治設於旗山市街，使市街成為地方行政、商業及交通中心，因為政治地位的提升、市區改正的推行，街道上出現許多特殊建築，加上產業興盛，放射狀道路帶動地方繁榮，讓市街呈現更多元的風貌。

　　旗山市街擁有豐富久遠的歷史文化，中西建築並存的街衢說明著日治以來經濟與政治發展過程。一般人提到旗山，大多停留在香蕉、天后宮、老街、枝仔冰城等印象，是一個農業、觀光興盛的城市，其實旗山歷史悠久，曾孕育許多人才，當大家聚焦美濃客家文學時，往往忽略了旗山的在地文學，這些珍貴的文化資產值得深入研究。

　　筆者源於對文史與區域文學的興趣，偶然看見蕭乾源《資生吟草》詩集影稿，在指導教授引導下，開始蒐集詩人遺作，興起研究台灣傳統詩社——高雄旗峰吟社的動機，希望能彙整保存地方史料，闡述詩社詩人的貢獻，除了補強台灣區域文學內容外，也能重新關注旗山地方文化資產的保存與發展。

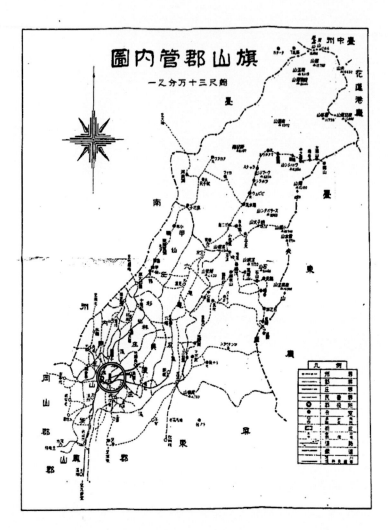

圖 1-1　昭和 12 年（1937）旗山郡管內圖，《旗山郡要覽》 〔註1〕
資料來源：日治時期圖書全文影像系統
說明：圖中黑圈標示處爲「旗山」，可看出旗山市街在整個旗山郡中的相對
　　　位置

〔註1〕《旗山郡要覽》爲昭和 12 年旗山郡役所編製，內容依次介紹旗山郡之位置、
　　　地勢、土地、氣象、戶口、街庄、神社與宗教、教育、社會事業、水利、交
　　　通、各項產業、警察、衛生、理蕃概況與名勝古蹟等，並附錄各自動車商會
　　　各線行駛時間表，與旗山郡轄區圖。見「旗山郡要覽昭和十二年」，《國立台
　　　灣圖書館——日治時期圖書全文影像系統》，網址：〈http://stfj.ntl.edu.tw/〉，檢
　　　索日期：2014 年 8 月 8 日。爲精簡篇幅，凡圖文中援引圖檔者，皆於資料來
　　　源直接標示出處爲「日治時期圖書全文影像系統」或「日治時期期刊全文影
　　　像系統」，不另作注。

　　談到旗山的人文歷史，網站《認識台灣的第一站——旗山奇》是多數人首次搜尋旗山時，一定會注意到的豐富資料庫，成立於民國 87 年（1998）4 月 18 日的旗山奇網頁，由柯坤佑、張簡朝景、江明樹、王中義、莫皓帆、蕭振中、林慧卿等人提供資料、整理輸入，內容包含網站簡述、宗教、人文、老照片、遊樂、地理、產業、生態、建築九項，目前已有三千多個檔案，人文部份尤其精彩，〔註2〕其中有關在地詩人蕭乾源以及旗峰吟社的介紹，見證了日治至戰後台灣古典詩文學的演變，是旗山的文化瑰寶，為區域文學史留下重要文獻資料。

　　詩社與地方文化環境息息相關，大正 10 年至昭和 12 年（1921～1937）間，全台估計約有 159 個新詩社成立，〔註3〕其中也包括高雄州的「旗峰吟社」。當時全台詩社組織是台灣文人面對時代困境與文化斷層時，所能保有的一方天地，除了能在殖民統治下繼續興揚漢學外，也能以詩會友，結識更多仕紳雅士，一方面自抒情懷，另一方面遊戲競技，成為另類的休閒娛樂。旗峰吟社以切磋詩藝，傳授古典詩學為創社目的，不僅苦心經營旗山市街的漢詩學習，也積極參與並主辦各項詩會活動，拓展旗美地區的漢詩空間，對當地文史傳承有著不可磨滅的功勞。

　　旗峰吟社從昭和 4 年（1929）蕭乾源等人創社，歷經戰亂後於民國 41 年（1952）重振旗鼓，雖然民國 73 年（1984）蕭乾源中風逝世後詩社沉寂，但在 83 年（1994）後，旗山詩人子弟及愛好詩學者，極力主張恢復旗峰詩社，並於光復節正式復社，堅持至今。蕭乾源未屆弱冠即創立旗峰吟社，長年致力漢詩創作，其漢詩作品有一定的研究價值與地位。旗峰吟社及蕭乾源的漢詩研究，既是跨越日治、戰後台灣傳統詩學的一部分，也是高屏地區古典區

〔註2〕　柯坤佑：「本人創立旗山奇的動機是希望大家認識『旗山』，補現有教育內容之不足，並活化內容，使大家樂於接受，讓文化落實在大家的生活、思維上，提倡資源共享、珍惜資源，以永續經營的思考與方法，讓自己與社會能走的更遠更穩。……旗山奇內容主要分為本站簡述、宗教、人文、老照片、遊樂、地理、產業、生態、建築九項，以獅子咬劍為圖騰，眼睛不斷地檢視各單元，有守護旗山之意。……因不限篇幅，故本站內容相當豐富，目前已有三千多個檔案，人文部份尤其精彩，不少大師級的畫家與作家常在本站發表。」詳見柯坤佑：《認識台灣的第一站～旗山奇》，網址：〈http://www.chi-san-chi.com.tw/0_intro/index.htm〉，檢索日期：2014 年 8 月 26 日。

〔註3〕　黃美娥：〈日治時代台灣詩社林立現象的社會考察〉，《台灣風物》47 卷 3 期（1997 年 9 月），頁 51。

域文學的研究範疇，只是翻閱期刊書報，曾看見「旗山吟社」〔註4〕或出現如「高雄市旗峰吟社」〔註5〕等說法，可見大眾對區域性的文學團體仍存在一定程度的陌生感。本論文希望以小見大，透過一人一時一地之研究，累積台灣漢詩資料，藉由歷史脈絡的連結比較以及詩人唱和，觀察詩社存在的時代意義與漢詩發展特色，進而突顯詩人對歷史及地方的價值性與貢獻性，不只增補更多史料，也喚醒大家對「地方文化資產」概念的重視與保護。

圖 1-2　昭和 2 年（1927）旗山圖
資料來源：日治時期圖書全文影像系統

〔註4〕《台南新報》，「詩壇」欄，1922 年 9 月 6 日，第 5 版。轉引自李郁芬：《《台南新報》漢文欄之研究》（台南：國立成功大學台灣文學系碩士論文，2011年），頁 38。旗峰吟社成立時間為昭和 4 年（1929），不符合「旗山吟社」，研究過程中並未發現大正年間旗山其他吟社成立，此處說法有誤，推測作者原意應指大正 9 年 9 月（1920）成立的「旗津吟社」。

〔註5〕民國 64 年，方延豪在〈台灣詩社之今昔談〉中介紹各詩社概況，提到「旗峰吟社　設高雄市」。見方延豪：〈台灣詩社之今昔談〉，《藝文誌》123 期（1975年 12 月），頁 62。

本論文將探討日治時期旗山地區「旗峰吟社」的發展淵源、運作方式及現況，以蕭乾源遺著《資生吟草》和散見報章及其他詩集之作品爲主要文本，配合田調實查研究蕭乾源是何許人？屬於何種類型的傳統詩人？其生命中有何事蹟？曾與何人交遊往來？其漢詩內容有何價值觀和藝術特色？在日治時期的台灣漢詩場域中，我們該將旗峰吟社及蕭乾源安置於什麼樣的位置？有鑑於傳統詩社逐漸消失，古典詩人逐漸爲人淡忘，一旦曠時日久，前輩詩人心血將付諸流水，冀能透過彙整零散的文獻史料，探析詩人詩作及後人訪談實錄，保留更多資料提供相關研究使用。目前台灣古典詩作者中，仍有許多特色詩人及作品值得研究，只是耆老日漸凋敝，文獻散落不全，再不加快腳步彙整資料留下研究，只怕徒留更多遺憾。

筆者寫作本文一方面是爲了突顯傳統漢詩人的貢獻與價值，也希望這些傳統漢詩能成爲未來建構區域文史面向與編纂地方志書的重要參考資料，透過對旗峰吟社及相關詩人進行通貫之研究與探討，加強論述台灣古典詩人蕭乾源之經歷、詩作與大時代間的歷史關聯，鬆動抗議與御用文人的二元對立思考模式，藉由文學事蹟與詩文的評析記錄，在台灣文學史上爲詩社及詩人留下更爲清晰完整的影像及定位，也凸顯日治時期鮮爲人知卻爲數眾多的台灣傳統詩社與古典詩家，實爲台灣文學研究領域重要一隅，值得研究者持續深入探尋。

第二節 研究方法與範圍架構

一、研究方法

乙未割讓後台灣一島孤立，在民族認同錯亂，文化難以追隨中國又雜揉著大和文化的同時，發展出一種特殊現實的文化環境。日治時期殖民者的「內台差別」讓台灣人民淪爲次等階級，但在傳統漢詩領域中，儘管當權者有所企圖，仍給予多數詩人詩社一個相對寬容的創作空間，這樣的環境氛圍讓漢詩逐漸世俗化、功利化，成爲當時顯學，卻也使其文學價值日趨薄弱。理解近代台灣區域歷史的發展及社會構造，必須同時注意自然地理環境的特徵，結合歷史地理、區域研究視角來探討文學現象，這也是今日人文研究的重要方向之一。因此，研究蕭乾源與旗峰吟社時，應關注地理環境與歷史背景的

影響，有助理解一地詩人詩社崛起與發展的過程。論文一開始從歷史地理角度切入，以日治時期爲時間縱軸，高雄州旗山市街爲空間橫軸，分析旗山區域文學的形成和興起過程，布局整個論文的時空觀念，再以文學理論評述詩人作品，包括觀察作品反映現實生活，表達思想情感的現象，以及詩人的顯意識作用，進而分析文學形式、技巧與風格，透過文學批評論中的考據學與社會學評述，一方面釐清歷史，整理詩人生平及作品，另一方面也能探討詩人作品中的規範與美學取向。

　　根據考據學批評〔註6〕而言，一個藝術家其所處的時代，與家庭境遇、物質環境、心理情況都有可能影響其作品，這一類歷史或傳記的釐訂與爬梳工作，能增益研究者對作品的認識與評價。因此論文研究時特別重視以下三點：首先蒐集資料，調查文獻，包括旗山地區鎮志、鄉土志、庄志等所載之文學史料等，以後代子孫所保存的先人遺稿爲主，查閱各類期刊圖檔，在報章及其他詩社選集中，廣泛尋找任何吉光片羽。其二，辨識資料，諮詢耆老，詳加解讀文獻，所載若有重文、僞誤、不詳處力求辨識查證，避免亥豕魯魚之訛。其三，詳細研讀詩作，歸析內容、形式及創作特色，突顯詩人的生活歷程與才情。此外，還要配合田野調查工作，對蕭乾源文學交遊、後代以及當地文史工作者進行訪查，希望重建更完整的區域文學史料，深入探討日治時期蕭乾源的身分定位？如何遊走在當時的漢詩場域？以何種書寫方式回應時代壓力與自身期許？希望藉由以上問題的爬梳與闡述，深入傳遞詩人的生命體驗與意念價值，讓更多人知曉這位受到旗山民眾敬重的扛鼎詩人。

二、範圍架構

　　目前有關旗峰吟社尚無專論研究，蕭乾源的文學創作亦未有人加以整理，本篇論文起手著重於史料蒐集，包括蕭乾源《資生吟草》手抄影本、《旗

〔註6〕 姚一葦：〈考據學批評〉考據原屬治學的一種方法，有非常廣泛的蘊含，而此間所指者係將此一種的方法用之於對於藝術（文學）家或藝術品的考證，特別是對於藝術家所處之時代背景、生平事蹟、以及作品的創作年代，由了解藝術家到了解藝術品。蓋一個藝術家，其所處的時代，與家庭境遇、物質環境、心理情況當然都或多或少影響到他的作品，這一類的歷史的或傳記的釐訂與爬梳的工作，不僅增益吾人對於作品的認識，復增益吾人對於作品的評價。詳見周慶華：《臺灣當代文學理論》（台北市：揚智文化，1996年），頁187～188。

峰鐘韻擊缽詩集》〔註7〕和《旗美詩苑》第一冊詩集〔註8〕，加上日治時期《台南新報》、《詩報》、《南方》、《專賣通訊》、《社會事業の友》等刊物，以及戰後詩人參加高雄八景徵稿作品等，目前總計整理出漢詩402首〔註9〕，散文1篇，減去重出部分〔註10〕，共有詩作356首，散文1篇。接著再以《台灣實業名鑑》、《旗山奇》網站資料、旗山文史工作者作品，以及旗峰吟社與其他詩社留存的相關文獻檔案為據，製作蕭乾源作品集以及詩社與詩人的活動年表，作為論述基礎。

表1-1　蕭乾源《資生吟草》詩作統計表

時　間	詩　名	活動／序文	詩　體	數　量
1930年（昭和5年）庚午	樓上晚眺		七絕	2
	七夕			4
	鼓山春月			1
	中秋泛月			1
	牡丹花			1
	九日懷友			1
	祝雙十節			2
	從良妓			5
	鏡中花影			2
	榴火			1
	賈誼			2
	春日呈黃志輝詞兄			1
	驪歌			4
	燈篙			3
	凍頂茶			2

〔註7〕蕭振中編輯：《旗峰鐘韻擊缽詩集》（高雄縣：乾元藥行，2000年12月）。
〔註8〕張琴龍著作兼總編輯：《旗美詩苑》第一冊（高雄縣：美泰印刷所，1985年1月）。
〔註9〕目前從《資生吟草》中整理出漢詩208首、《旗峰鐘韻擊缽詩集》中得漢詩63首、詩鐘34首、《旗美詩苑》漢詩4首、各報刊登載作品計有93篇，總計為402首。
〔註10〕根據表1-4、1-5統計：一稿多投的重覆詩作計有16首，各報刊與《資生吟草》、《旗峰鐘韻擊缽詩集》、《旗美詩苑》重覆刊登詩作共計有30首，減去重出部分，共計有詩作356首。

問槎			2
秋懷			3
訪菊			1
浮萍			1
除夕書懷			3
步志輝兄原玉			2
鳳聲			2
恨人			3
長命縷			1
筆刀	歡迎名媛玉女士小集		2
旗山橋遠眺			2
春日登山	新年聯吟		3
1931年 （昭和6年） 辛未	春遊		1
	春日遊太平寺		1
	苦熱		2
	閒居	七律	3
	代碧珠女校書客輕郎		4
	贈蕙蘭女校書	辛未年梅月玉珠出閣日	七絕	5
	代蕙蘭女校書作		4
	再贈蕙蘭女校書	七律	1
	中秋玩月	五律	2
	秋江盟鷗圖		2
	蠅		2
	敬步韻琛先生贈蕙蘭原玉	七絕	1
	贈鸚妓月仙	天外天內	3
1935年 （昭和10年） 乙亥	寄懷志輝兄		2
	竹山亭偶感	五絕	1
	端午懷鷺江國清兄	七絕	4
	馬跡	旗峰擊鉢	五絕	2
	夜坐	旗峰小集	七絕	3
	笑花	旗峰小集		2
	爭杯	旗峰小集		2
	心花		2
	種菊	五律	1

1936 年 （昭和 11 年） 丙子	壽翁	菊月祝朱阿葉壽誕擊鉢	七絕	3
	寄懷阮文仁先生		七律	1
	懷友		七絕	1
	秋聲	旗峰擊鉢	七律	2
	蔗苗	高雄州下聯吟會	七絕	1
1937 年丁丑	敬步文仁兄原玉			3
1942 年 （昭和 17 年） 壬午	檳榔樹	旗美課題		1
	濃山秋景	中秋既望廣善堂雅集		2
	月影	旗美課題		1
	春耕	旗美課題	五律	3
	春雪	旗美課題	七絕	1
	善堂初會	冠頂		2
	黃花酒	重九蛇山雅集		3
1943 年 （昭和 18 年） 癸未	醉菊	旗峰課題		3
	探梅	旗美課題	七律	2
	魚梭	旗美課題	七絕	3
	江風	旗峰課題	七律	2
	鶯聲	旗美課題		2
	燕剪	旗美課題		2
	裁雲	旗美課題		2
	柏酒	旗美之日小集	七絕	1
	歸燕			3
	冬暖	旗美課題	五律	3
	夜漏	旗美課題	七絕	1
	秋光	旗美擊鉢	七律	2
1944 年甲申	垂釣	旗美課題	七絕	2
1949 年 （民國 38 年） 己丑	追懷朱阿華老先生	己丑中秋既望	七律	3
	甘露寺取婿	旗美擊鉢	七絕	3
1951 年 （民國 40 年） 辛卯	辛卯詩人節紀念鄭成功	全國詩全會課題	七律	1
	臺灣是民主自由之燈塔	全國詩人大會課題		1
			七絕	2
	恭祝蔣總統六五華誕		七律	1

辛卯詩人節懷沈斯菴	全國詩人大會課題		1
畫中美人	旗美課題		2
眉齊雙壽	祝新化王則修先生		1
日出東方	祝鍾啓先當選美濃鎮長	五律	2
觀海	旗美課題		3
旗美吟會拾週年紀念			2
滿地紅			2
角黍	全國詩人大會擊鉢		1
萱草春	祝雙麟令堂七一榮壽	七絕	2
謹步雙麟玉韻並祝			2
菽水供親	祝雙麟令堂七一榮壽擊鉢		1
太平鼓	旗美課題		2
1952年（民國41年）壬辰	筆鋒	旗美課題	七律	2
	雨意	鳳山課題		4
	美人		七絕	1
	烽火			1
	追懷七十二烈士	嘉南高屏聯吟大會課題	七律	1
	灰蝴蝶	旗美課題	七絕	2
	春日訪鄭王梅	嘉南高屏聯吟會擊鉢	七律	1
	雞聲	鳳山課題	七絕	3
	無題			2
五絕：3首、五律：11首、七絕：160首、七律：34首		總計	208

表 1-2 《旗峰鐘韻擊鉢詩集》蕭乾源詩作統計表

詩　名		詩　體	數　量
旗鼓	一唱（鳳頂格）		2
德成	一唱（鳳頂格）		2
年關	一唱（鳳頂格）		1
文運	二唱（燕頷格）	詩鐘	1
寒食	三唱（鳶肩格）		2
春雨	四唱（蜂腰格）		1

晚涼	五唱（鶴膝格）		2
秋月	七唱（雁足格）		2
男女	六唱（梟脛格）		1
雲海	三唱		1
暮春	五唱		1
蕉風	魁斗格		2
情絲	魁斗格		4
天中節	足格		2
鵲橋	比翼格		2
孔子節	碎錦格		2
黃花崗	碎錦格		2
醉中秋	碎錦格		2
蘇武、筆	晦明格		2
新荷			2
蕉風			2
秋思			2
噤蟬			2
情絲			3
木鐸			2
師恩		七絕	2
文運			1
鶯梭			2
燕語			2
桂影			2
詩聲			2
餞春雨			1
菊影			2
中元節有感			2
五日白鶴寺雅集			2
五日感懷		七絕	2
春餅皮			1
烈士魂			2

掘寶		2
初夏即事		2
祝彰化銀行旗山分行五二年度業績考核第一名		2
年關		1
野渡無人舟自橫		2
徵婚		2
延平詩社十周年	不拘韻（七律）	5
甲辰詩人節有感		2
冬夜書懷	七律	2
羅門秋色		2
國慶日雅集		1
羅門探春	五律	2
蝴蝶蘭（高屏三縣市壬寅春季聯吟大會）	七律	1
旗影（高屏三縣市庚子春季聯吟大會次唱）	七絕	1
詩鐘：34首、五律：2首、七絕：48首、七律：13首	總計	97

表 1-3　《旗美詩苑》第一冊　蕭乾源詩作統計表

詩　名	詩　體	數　量
江風	七律	1
昭和十九年甲申簡義桂芳二詞友將之南方	七絕	1
世界三十七國詩人大會	七律	1
（高縣徵詩）龍崗觀雲	五律	1
五律：1首、七絕：1首、七律：2首	總計	4

表 1-4　蕭乾源與旗峰吟社登報訊息統計表

編號	日　期	詩　題	詩體	刊　名	附　錄
1	1930.2.28	遊春	七絕	《台南新報》	
2	1931.5.15	介紹各吟社近況——旗峰吟社		《詩報》12	
3	1931.5.15	（遊春）、春日遊太平寺	七絕	《詩報》12	
4	1931.6.1	樓上遠眺　二首	七絕	《詩報》13	《資》1930 二首

5	1931.6.15	行踪	七絕	《詩報》14	
6	1931.7.1	閑居　二首	七律	《詩報》15	《資》1931 一首
7	1931.7.1	旗峰　鳳頂格	詩鐘	《詩報》15	
8	1931.7.1	旗峰吟社——尋春		《詩報》15	徵詩
9	1931.7.1	騷壇消息——尋春、詩鐘〈旗峰〉		《詩報》15	得獎名單
10	1931.7.15	端午日懷鷺江范國清君 四首	七絕	《詩報》16	《資》1935 四首
		寄懷黃詠鶴硯兄　二首	七絕		
11	1931.8.15	筆刀	七絕	《詩報》18	《資》1930
12	1931.9.1	祝旗錚吟社　陳遵友	七絕	《詩報》19	
		疊遵友先生祝旗峰吟社 開會瑤韻　黃南山	七絕		
		書懷呈蕭乾源先生　陳 龍吟	七律		《專賣通信》 1931
13	1931.9.15	寄懷黃志輝先生	七絕	《詩報》20	
		獨坐江樓	七絕		
		鐘聲	五絕		
14	1931.10.1	燈篙	七絕	《詩報》21	《資》1930
15	1931.10.15	中秋玩月	五律	《詩報》22	
16	1931.11.15	寄懷中華阮文仁先生	七律	《詩報》24	《詩報》27 期 《資》1936
17	1931.11.26	呈旗峰吟社諸先生—— 陳壽南	七律	《專賣通信》	《詩報》31 期 《台灣警察時 報》45
		書懷呈蕭乾源先生—— 陳壽南	七律		《詩報》19 期
18	1932.1.1	秋思　二首	七絕	《詩報》27	
		寄懷中華阮文仁先生	七律		《詩報》24 期
		吊悟真社副社長柯李忠 先生	七古		
19	1932.2.24	春日登山　四首	七絕	《詩報》30	《資》1930 三首
20	1935.1.1	中秋夜和蕭君乾元見贈 瑤韻　阮文仁	七律	《詩報》96	
21	1935.3.15	美人　三首	七絕	《詩報》101	

22	1935.4.1	爭杯 二首	七絕	《詩報》102	《資》1935 二首
23	1935.4.15	水仙花	七絕	《詩報》103	
24	1935.8.1	笑花 二首	七絕	《詩報》110	《臺南新報》第12070 號 《資》1935 二首
25	1935.8.16	心花 二首	七絕	《詩報》111	《資》1935 一首
26	1935.9.1	觀棋 三首	七絕	《詩報》112	
		白戰 蟬聯格	詩鐘		
27	1935.9.16	夜坐 三首	七絕	《詩報》113	《資》1935 二首
28	1935.10.1	情山 魁斗格	詩鐘	《詩報》114	
		女車掌 二首	七絕		《臺南新報》第12081 號
29	1935.10.15	種菊	五律	《詩報》115	《資》1935
30	1935.11.1	馬跡 二首	五絕	《詩報》116	《資》1935 二首
31	1935.11.18	照空燈 三首	五律	《詩報》117	
32	1936.2.15	旗峰曉翠	五律	《詩報》123	
33	1936.2.15	春感 四首	五絕	《詩報》123	《臺南新報》第12217 號
34	1936.3.1	呈旗峰吟社諸君子　滌庵	七古	《詩報》124	
35	1936.6.1	蔗苗	七絕	《詩報》130	《資》1936
36	1936.6.15	落花 三首	七絕	《詩報》131	
37	1936.10.2	秋懷 三首	七絕	《詩報》138	
38	1936.10.15	秋聲 二首	七絕	《詩報》139	《資》1936 二首（七律）
39	1937.1.1	競泳	七絕	《詩報》144	高雄州下聯吟會
40	1937.2.19	東津秋色	五律	《詩報》147	高雄州下聯吟會
41	1937.5.25	觀競馬	七律	《詩報》153	高雄州下聯吟會
42	1937.7.6	選舉戰	七絕	《詩報》156	
43	1941.4.2	淡煕春暖	五律	《詩報》246	高雄州下聯吟會
44	1942.1.1	新春試筆	七律	《詩報》263	《南方》145 期
		祝皇軍戰捷	七絕		
		元旦書懷	七律		
45	1942.1.15	元旦書懷	七絕	《南方》145	

46	1942.1.20	荷錢	七律	《詩報》264	陶社第三期徵詩
47	1942.2.15	青樓怨　三首	七絕	《南方》147	
		薄命花　三首	七絕		
48	1942.2.20	新竹	七律	《詩報》266	
49	1942.6.1	春日遊皷山　二首	七律	《南方》153	《詩報》273 期
50	1943.1.1	敬和朱阿華先生七十五歲感懷瑤韻二首	七律	《詩報》287	《南方》167 期
51	1944.4.9	哭黃秋輝詞兄仙逝　秋心	七古	《詩報》313	
52	1960	高雄八景　三首	五律		
七絕：58 首、七律：13 首、五絕：7 首、五律：11 首、七言古詩：1 首、詩鐘：3 首				總計	93

表 1-5　重複刊登詩作統計表

編號	日　期	詩　題	詩體	刊　名	附　錄
1	1930.2.28	遊春	七絕	《台南新報》	《詩報》12
2	1931.11.15	寄懷中華阮文仁先生	七律	《詩報》24	《詩報》27 期《資》1936
3	1932.1.1	寄懷中華阮文仁先生	七律	《詩報》27	《詩報》24 期
4	1935.8.1	笑花　二首	七絕	《詩報》110	《臺南新報》第 12070 號
5	1935.10.1	女車掌	七絕	《詩報》114	《臺南新報》第 12081 號
6	1936.2.15	春感　三首	五絕	《詩報》123	《臺南新報》第 12217 號
7	1942.1.1	祝皇軍戰捷	七絕	《詩報》263	《南方》145 期
8	1942.1.20	荷錢	七律	《詩報》264	陶社第三期徵詩
9	1942.6.1	春日遊皷山　二首	七律	《南方》153	《詩報》273 期
10	1943.1.1	敬和朱阿華先生七十五歲感懷瑤韻　二首	七律	《詩報》287	《南方》167 期
重複總計					16

表 1-6 《資生吟草》、《旗美詩苑》與書報重複刊登詩作統計表

編號	日　期	書報詩題	詩體	刊　名	《資生吟草》
1	1931.6.1	樓上遠眺　二首	七絕	《詩報》13	1930 二首
2	1931.7.1	閑居　二首	七律	《詩報》15	1931
3	1931.7.15	端午日懷鷺江范國清君四首	七絕	《詩報》16	1935 四首
4	1931.8.15	筆刀	七絕	《詩報》18	1930
5	1931.10.1	燈篙	七絕	《詩報》21	1930
6	1931.11.15	寄懷中華阮文仁先生	七律	《詩報》24	1936
7	1932.1.1	秋思　二首	七絕	《詩報》27	1930（秋懷）二首
8	1932.2.24	春日登山　四首	七絕	《詩報》30	1930 三首
9	1935.4.1	爭杯　二首	七絕	《詩報》102	1935 二首
10	1935.8.1	笑花　二首	七絕	《詩報》110	1935 二首
11	1935.8.16	心花　二首	七絕	《詩報》111	1935
12	1935.9.16	夜坐　二首	七絕	《詩報》113	1935 二首
13	1935.10.15	種菊	五律	《詩報》115	1935
14	1935.11.1	馬跡　二首	五絕	《詩報》116	1935 二首
15	1936.6.1	蔗苗	七絕	《詩報》130	1936
16	1936.10.15	秋聲　二首	七絕	《詩報》139	1936 二首（七律）
17		江風	七律	《旗美詩苑》	1943
18		龍崗觀雲	五律	《旗美詩苑》	《高雄縣志稿藝文志》
重複總計					30

【以上表格爲筆者歸納】

　　本論文研究範圍以旗山空間〔註11〕爲主，論述橫跨日治（1895～1945）及戰後時期（1945～2015），首先蒐集旗峰吟社相關文獻資料，包括日治報刊內容、作家手稿、網站資料與各種期刊論文，考述詩社發展與蕭乾源生平及

────────

〔註11〕筆者所界定的旗山空間乃以旗山市街爲中心向外擴展，主要範圍包括旗山郡中的旗山街（今旗山區）與美濃庄之空間，詳細說法請參閱本章第三節（頁29～30）名詞界義（三）旗山郡、旗山街、旗山市街。

文學活動，透過閱讀分析、歸納比較等方法彙整史料並驗證評述。過程中多次田野訪查與採訪實錄，不僅保存耆老的口述資料，也能活化地方文獻資料，佐證論述。所述內容因有跨代情況，不管清領、日治或民國時間後一律補上西元紀年，以求時間脈絡清晰明確。

　　本篇論文之撰寫程序依次可分為：

　　第一章緒論探討本篇論文之研究動機、目的、方法、名詞界定與文獻回顧，並說明本篇論文研究之局限與解決之道。

　　第二章以旗峰吟社為主架構，透過地理空間（旗山市街興起）、政治態度（官方支持詩社發展），以及社會風氣（台灣古典詩蓬勃）三方面，詳細探究日治時期旗峰吟社創立過程、活動概況，觀察詩社所呼應的時代現象以及對閩客族群融和的影響，藉此展現旗山詩壇概況，期能全面理解旗山地區古典詩的歷史背景與發展。

　　第三章探究蕭乾源的生平與文學交遊，包括詩人生平、家庭背景、求學過程、事業經營、個人重要經歷以及其重要的文學交遊等，從詩人生平事蹟、生活環境背景之追蹤調查，期能對蕭乾源本人及其文學理念和創作有更深入完整的研究。

　　第四章重點在於蕭乾源的漢詩創作，從詩集《資生吟草》、前人所編的擊缽作品集、徵稿得獎作品，以及日治報刊雜誌所整理出的三百多首漢詩作品進行歸納分析。首先將蕭乾源漢詩創作分成寫景、詠人、詠物、感懷、敘事、酬唱等六類主題進行內容及思想解析，觀察蕭乾源詩作所呈現的主題內容與思想精神。此外，本論文也嘗試探究寫作技巧及特色，冀能透過作品之呈現與研析，對蕭乾源漢詩創作之語文、精神、文化各層面有更深一層的認識與掌握。

　　第五章探究旗峰吟社其他詩人詩作及戰後發展，首先介紹旗峰吟社其他詩人詩作，再說明旗峰吟社戰後面臨的困境，包括古典詩的邊緣化、社員的凋零、遷徙與離開，期許能凝聚地方文史家與文藝團體的支持，培養傳統詩社現代化能力，讓詩社得以永續經營。

　　第六章結論，總結前面五章節所論，針對旗峰吟社及蕭乾源之成就與影響，替全文作出摘要式簡介及整體性回顧，希望能蒐羅保存詩人詩社史料，重建蕭乾源個人文學的生命歷程，為其在區域文學上找到應屬之定位，進而確立旗峰吟社與蕭乾源在台灣文學史上價值性。

第三節　文獻回顧與名詞界義

一、文獻回顧與探討

　　早從 1950～1960 年代由台灣銀行經濟研究室編纂的《台灣文獻叢刊》出版開始，具有龐大創作人數與作品的古典文學逐漸被研究者重視，許多有關台灣整體文學發展的論述建構出不同視野的台灣古典文學史，包括在廖雪蘭、廖振富、黃美娥、江寶釵、施懿琳、余美玲、許俊雅等人的著作中，〔註12〕古典漢詩研究都占有相當高的比例。民國 84 年（1995）6 月由施懿琳、楊翠與許俊雅合撰的《台中縣文學發展史》是從田調基礎上建立起來的文學史書寫濫觴，近二十年來台灣文學研究興起，學者開始重視區域文學，各縣市陸續出現深入地區的漢詩研究。整體而言，現有內容觸及日治時期漢詩史的區域文學研究，已近乎覆蓋全台，類似地方志的官方及民間史料也累積了一定的成果，可作為後人研究基礎。

　　以傳統文學角度出發，豐富的區域文學史主要貢獻在文獻史料的蒐羅，與地區耆老訪談，能在不同的地理位置勾勒出屬於當地的傳統文學發展脈絡。以當代台灣古典詩史論述而言，蕭乾源或許湮沒無聞，一旦回到日治時期的旗山市街內，儼然是引領漢文風騷的扛鼎詩人。當下學界對於蕭乾源的研究，多以其為區域性漢詩人代表展開旁述，或透過網站上的《資生吟草》詩集〔註13〕、日治時期的報刊以及旗峰吟社的相關論述等進行研究，未有以旗峰吟社及在地詩人為核心之專論。目前論及旗峰吟社與蕭乾源的相關期刊論文包括：

〔註12〕　包括：廖雪蘭《臺灣詩史》、廖振富《臺灣古典文學的時代刻痕：從晚清到二二八》、《櫟社研究新論》等；黃美娥：《日治時期臺北地區文學作品目錄》、《古典臺灣：文學史・詩社・作家論》、《重層現代性鏡像：日治時代臺灣傳統文人的文化視域與文學想像》等；江寶釵《嘉義地區古典文學發展史》、《臺灣古典詩面面觀》等；施懿琳《台中縣文學發展史》、《彰化縣文學發展史》、《從沈光文到賴和──臺灣古典文學的發展與特色》等、余美玲《日治時期臺灣遺民詩的多重視野》、《臺灣古典詩選注：海洋與山川》等，許俊雅《台中縣文學發展史》、《臺灣寫實詩作之抗日精神研究一八九五～一九四五之古典詩歌》等，都是台灣古典漢詩研究著作。

〔註13〕　根據陳淑滿所言：「《資生吟草》此書未見，但收於「旗山奇」網頁中，共計101 首詩。」見陳淑滿：〈「旗山」地名沿革與其文化傳承〉，《高雄文化研究年刊 2006 年》，高雄市高雄文化研究會編（高雄市：春暉出版社，2006 年 7 月），頁 123。

表 1-7　研究旗峰吟社與蕭乾源相關期刊論文整理表

時間	作者	論文、期刊名稱	出處
2001 年 6 月	黃文車	《黃石輝研究》	國立中正大學中國文學研究所碩論
2005 年 1 月	邱春美	《六堆客家古典文學研究》	輔仁大學中國文學研究所博士論文
2005 年 12 月	許秀霞	〈功名、文學與傳說——書香美濃的形塑〉	行政院客家委員會成果報告
2006 年	陳淑滿	〈「旗山」地名沿革與其文化傳承〉	《高雄文化研究年刊 2006 年》
2007 年	劉家宏	《旗山市街發展之研究》	國立臺南大學台灣文化研究所教學碩士班論文
2009 年	黃福鎮	《戰後高雄地區傳統詩研究》	國立中山大學中國文學研究所碩論
2011 年 6 月	吳佳彰	《北港口湖地區鄉勵吟社研究》	南華大學文學系碩士論文
2011 年	游步廣	《當代旗山文化資產保存運動之研究（1990～2011）》	國立高雄師範大學台灣文化及語言研究所碩論

　　在有限的研究成果中，黃文車《黃石輝研究》最早討論蕭乾源，論文雖以黃石輝為重點，文中仍有近十頁篇幅介紹蕭乾源及旗峰吟社，不僅說明蕭乾源為黃石輝旗山時期重要的文學交遊對象，也突顯詩人在旗山市街上的文學地位及影響力。邱春美《六堆客家古典文學研究》以六堆古典文學為主軸，綜合論述清代以來六堆相關詩文作品，包括重要詩人之專論。在第一章第五節「六堆之詩文社初探」中，概述與六堆直接相關之詩文社團，包括六合吟社、旗美吟社、美友吟社與旗峰詩社等，其中六合吟社與美友吟社資料，補足以往研究之空白，讓日治以來整個高屏區域的詩社聯繫互動網絡更加清晰。文後附表如「六堆客家古典文學年表」、「六合吟社徵詩情形一覽表」、「六堆客家古典文學相關之生平事略表」等，眉目清晰，對瞭解六堆詩社文史輔助頗大，有挈領之效。許秀霞〈功名、文學與傳說——書香美濃的形塑〉成果報告，旨在探究美濃書香風氣形成之原因，第三章「美濃古典文學概況」中，簡述美濃詩友創立及參與的四個詩社組織，突顯旗美兩地間組織聚會的功能及影響，針對美友吟社與六合吟社僅有數行介紹，旗峰吟社部分則有六頁之多，內容談及詩社大事紀、詩鐘寫作格式技巧，以及曾景釗、江明樹兩

人文章，可惜未深入探究詩社活動及重要詩人作品。

劉家宏《旗山市街發展之研究》論文中，主要從政治、社會、經濟等因素探究清代以來旗山市街的興起與發展，第四章論述「日治後期的旗山街（1920～1945）」時，特別提及「旗峰詩社的成立」，足見當時詩社在市街上的地位及影響力，只是作者將「旗峰詩社的成立」置於「日本帝國精神的同化」標題之下，但究竟詩社如何呼應帝國精神？詩人又有何同化傾向？文中並未說明，有待後續研究。陳淑滿〈「旗山」地名沿革與其文化傳承〉內容鎖定「旗山」的人文特色，從「旗山」地名沿革著手，探討其舊稱及文化發展的歷史脈絡，再談「旗山人」的文化傳承，包含發揚文學風氣的詩社、作家及文史工作者，了解其耕耘苦心並分析影響。陳淑滿引用網站中的蕭乾源詩作時，誤將近體詩當成古詩賞評，〔註 14〕同樣的情況也發生在黃福鎮的《戰後高雄地區傳統詩研究》中，黃福鎮因撰寫「大高雄風土誌」專題，進行了大高雄地區的田野調查與採訪工作，文中詳細介紹戰後高雄地區詩人及詩社，可惜在介紹蕭乾源漢詩時，因無註記詩作時間，故難與時代背景結合，深究其書寫背景及心境，且文中未清楚分辨詩體，導致將多首絕句、律詩合併成古詩賞析〔註 15〕，得出「其《資生吟草》詩作，長於古體」〔註 16〕之論述，實際上《資生吟草》內多為近體詩，彙集整理詩人作品之必要性可見一斑。

此外，吳佳彰《北港口湖地區鄉勵吟社研究》中，介紹鄉勵吟社詩人與台灣各地詩社、詩人的文學交流概況，其中高雄縣市部分曾提及「旗峰吟社」，除了簡單介紹詩人詩社外，也記載鄉勵吟社社友李文峰分別於民國 49 年（1960）、85 年（1996）寫下〈旗峰詩社三十週年紀盛〉、〈旗峰話舊其一 85.03.10 旗山〉詩作，證明戰後旗峰詩社仍持續推動社務，與外地詩人交遊往來，並非封閉性詩社。在游步廣《當代旗山文化資產保存運動之研究（1990～2011）》

〔註 14〕文中〈醉菊〉為三首七絕，非十二句古詩。陳淑滿：〈「旗山」地名沿革與其文化傳承〉，頁 124。

〔註 15〕舉例而言：論文 116 頁〈追懷朱阿華老先生〉，應為三首七律，非二十四句古詩；同頁的〈醉菊〉，應為三首七絕，非十二句古詩。其他包括〈凍頂茶〉、〈燕剪〉、〈燈篙〉、〈秋聲〉、〈濃山秋景〉、〈日出東方——祝鍾啟先當選美濃社長〉、〈萱草春——祝雙麟令堂七一榮壽〉、〈閒居〉、〈除夕書懷〉、〈從良妓〉、〈畫中美人〉、〈春耕〉等詩體皆有錯。

〔註 16〕黃福鎮：《戰後高雄地區傳統詩研究》（高雄：國立中山大學中國文學系碩論，2009 年），頁 121。

中，嘗試從不同立場的人物與團體來看待旗山文化資產的角色、功能與發展，透過記錄 1990 至 2011 旗山文化資產保存的歷程，重新審視當前文化資產的規劃與策略探討。文中第三章第三節探究「地方文化團體的傳承與壯大」時，特別論及「《旗山特刊》與蕭乾源文化獎」不僅突顯旗峰吟社及蕭乾源的代表性，也點出地方人士欲以文學獎培育文化人才的用心與執行層面的辛苦與無奈。

目前對蕭乾源的討論，多半仍圍繞在「旗峰吟社」的開創與部分詩作賞析，生平部分僅是簡語帶過，難以構築出蕭乾源當時所處的時代氛圍與其處世心境。部分研究者因為對蕭乾源及旗峰吟社感覺陌生，容易出現資料錯置或矛盾的狀況，例如邱春美認為：「『旗美聯吟會』，即指『旗美吟社』，昭和十八年有詩載：『聯吟旗美歷星雙，初會相親廣善堂；大雅風情追李杜，騷壇消息憶朱黃。迢迢社運能堪息，寂寂詩文覺失望；過去追懷無限感，幾多磨折幾滄桑。』」〔註17〕黃福鎮也提到：「『旗美聯吟會』即指『旗美吟社』」又說「1941 年，他（此指蕭乾源）以旗山福佬人結合美濃客家人，成立象徵兩地的『旗美吟社』，首次在美濃『廣善堂』擊缽聯吟，這是旗美兩地詩人的歷史性大結合。」〔註18〕推測此說法可能引自柯坤佑的旗山奇網站〔註19〕或是引用美濃詩人張琴龍所編的《旗美詩苑》，但根據文獻資料，旗美吟社是由朱阿華與黃石輝共同發起，並非蕭乾源成立，再者昭和 10 年（1935）成立的「旗美聯吟會」與昭和 16 年（1941）成立的「旗美吟社」兩者間雖有因果關係，成員有所重疊，但並非同一組織，論文說法明顯混淆應再釐清。另外，針對蕭乾源的出生年月以及旗峰吟社的創立年代目前仍有爭議，筆者將根據文獻與田訪資料於論文第二、三章中深究確認。

〔註17〕邱春美：《六堆客家古典文學研究》（台北：輔仁大學中國文學研究所博論，2005 年 1 月），頁 21。

〔註18〕黃福鎮：《戰後高雄地區傳統詩研究》，頁 51、114。

〔註19〕柯坤佑：蕭乾源居旗山五保「蕭家樓」，詩才早慧，19 歲（西元 1930 年）即邀集劉順安、簡義、游讚芳等人成立「旗峰詩社」榮任社長，終其一生推廣古典詩學。曾禮聘碩儒陳月樵傳授詩學，對社友增進詩藝甚大。又於民國 30 年（西元 1941 年），以旗山福佬人結合美濃客家人，成立象徵兩地的「旗美吟社」，首次在美濃的廣善堂擊缽聯吟，這是旗美兩地詩人的歷史性大結合，對消弭清朝以降閩客械鬥的仇視對抗貢獻卓著。見柯坤佑：《認識台灣的第一站——旗山奇》，網址：〈http://www.chi-san-chi.com.tw/0_intro/index.htm〉，檢索日期：2014 年 8 月 26 日。

二、本論文相關名詞界義

（一）傳統詩、古典詩、漢詩

「漢」為非中國領土內對中國的稱呼，亦為研究華文或書寫的代詞。「漢學」指的是有關域外中國學術的研究，「漢詩」則是以韻文書寫的華文作品，包括近體詩、古體詩、謎語、詩鐘、對聯，以及竹枝詞等詩作。日治時期，日本內地有一群接受中國傳統漢學的文人，原已熟悉漢學，治台初期因「漢詩」有著可以攏絡士紳文人的功用，於是朝野廣為提倡，成為官民往來聯繫的主要工具。

一般在中文學術領域裡用傳統詩、古典詩來統稱中國詩歌，以區別現代詩歌，但當涉及地域和歷史相關研究時，中國文學與台灣文學便可能出現不同立場的詮釋方式。〔註20〕台灣歷史背景複雜，究竟日治時期的台灣古典詩是否就是中國傳統古典詩歌？雖然當時大多數台灣詩人認為以漢文書寫的古典詩源於中國，但對統治者而言，殖民地文學只是一種外地文學〔註21〕，日籍作家主張「帝國文學論」，把台灣文學視為帝國一環，如此才能強調殖民宗主國的統治地位。回顧日治時期，官方多是以「漢詩」稱呼中國古典詩歌，在台灣這個多元文化交雜的區域，其實已能客觀說明寫作形式，也能涵括詩體源流。

筆者以為「古典」與「傳統」都只是為了區別「現代」的詞彙，不需特別避用，只是為求慎重避免疑義，會在文字前加上「台灣」一詞，以示差異。另外，王順隆認為當時台灣所認定的「漢文」，並非全都是古典的文言文，連受到中國白話文運動影響而產生的現代文也屬於漢文的範疇。〔註22〕雖然日治時期

〔註20〕歷年來學者們對「台灣文學」的爭議不斷，舉例而言：葉石濤將台灣文學置於台灣歷史的脈絡裡進行檢討，他的《台灣文學史綱》屬於左翼寫實主義的史觀。陳芳明從後殖民史觀出發，兼顧藝術演變和政治流變。陳映真把台灣放進中國近代史演進過程中考察。呂正惠、趙遐秋則是由「思潮史」闡釋文學主潮，認為「文學台獨」遮蔽台灣新文學思潮發生和發展的的事實。簡而言之，閱讀台灣現階段文學史寫作時，應先了解作者「史觀」立場，才能全面且客觀地理解歷史。

〔註21〕台灣文藝家協會的評論家島田謹二提出「外地文學」一詞。所謂外地文學是帝國南方文化建設的重要一環。這樣的文學史觀，便是企圖把台灣文學收編到整個日本文學史的脈絡裡。黃得時的文學史觀，與島田謹二的觀點恰好相反，認為台灣文學在日據時期的發展，應該與古典文學的鄭氏時期及清領時期聯繫在一起，他的文學立場乃在於建構台灣文學的自主性。陳芳明：《台灣新文學史》（上）（台北市：聯經出版事業，2011年10月），頁165～166。

〔註22〕王順隆：〈日治時期台灣人「漢文教育」的時代意義〉，《台灣風物》49卷4期（1999年12月），頁110。

的「漢詩」有其賡續漢文，以別和文之用意，也被部分學者視爲具有親日或馴化色彩，但在本論文中，筆者單純視「漢」爲能象徵源流，超越單一國家朝代，代表詩本身主體意義的書寫語言，故仍使用「漢詩」作爲論述詞彙。

（二）吟社與詩社

中國漢詩組織以詩社作爲總稱，或許是受到「江西詩社」〔註 23〕影響所致，因爲江西詩社是目前最早具有較完整紀錄與結構的古典詩社組織。觀察日治時期詩社，雖然有以吟社、社、吟會等爲名者，未見以「詩社」自稱的組織，但是從大正 13 年（1924）開始舉辦的「全島詩社聯合吟會」，便是以「詩社」統稱全島之漢詩組織，由此可見以「詩社」作爲各種漢詩組織的統稱，仍有其根據。

照片 1-1　民國 42 年（1953）旗峰吟社　　照片 1-2　民國 49 年（1960）
創立貳拾四週年紀念癸巳重陽雅集　　　　慶祝國父誕辰暨旗峰詩社週年全體社
　　　　　　　　　　　　　　　　　　　員合影
照片來源：《旗峰鐘韻擊缽詩集》〔註 25〕

昭和 4 年（1929）蕭乾源成立詩社時定名爲「旗峰吟社」，此後刊登於《詩報》上的擊缽訊息也皆以「旗峰吟社」稱呼，直到戰後一群詩友重振旗鼓，於民國 46 年（1957）改爲「旗峰詩文研究會」，民國 47 年（1958）再改爲「旗峰

〔註 23〕宋詩中，形成一個集團勢力的，前有西崑，後有江西。江西派的創始者是黃庭堅，但江西詩派這個名目的成立，黃庭堅成爲這一派宗主的確定，是始於呂本中「江西詩社宗派圖」的撰述。詳見劉大杰：《中國文學發展史》，台北市：華正書局有限公司，1999 年 8 月，頁 704～709。
〔註 25〕蕭振中編輯：《旗峰鐘韻擊缽詩集》（高雄縣：乾元藥行，2000 年 12 月），無頁碼。

詩社」，〔註24〕名稱沿用至今。觀察民國 42 年（1953）及 49 年（1960）的社團合照中，分別出現的是「旗峰吟社」與「旗峰詩社」，可證明光復十年後組織已改名爲「旗峰詩社」，一直到民國 83 年（1994），曾景釗、蕭振中等人復社時亦稱旗峰詩社。因論文內容跨及日治及戰後時期，故論述時以民國 47 年（1958）爲分界點，將昭和 4 年至民國 46 年（1929～1957）間稱爲「旗峰吟社」，民國 47 年（1958）以後則稱爲「旗峰詩社」，未寫全名時則不分時期統稱爲「詩社」。

（三）書房、書院

清代台灣教育措施，有官學與鄉學之分。官學概有府、縣儒學、書院、義學（一稱義塾）等，鄉學則有社學和民學，後者通稱書房。〔註26〕「民學」爲鄉人私設之學校，或稱書房、書塾、學堂等，爲私家延聘教師，設帳授徒，設學目的在教導學童識字讀書，也能爲將來科舉準備。自乙未割讓後，科舉制度消失，民間的漢文教育逐漸轉入個人籌設的私塾。到了日治時期，台灣人的初等教育除了公立的公學校外（後改爲國民學校）外，還有私立的書房和義塾，本地人稱私塾爲「書房」〔註 27〕，義塾則是不收學費，收容貧困的兒童或超過學齡人士的教育機構，以日治時期最早頒布的「書房義塾規則」可知兩者不甚相同。

根據林文龍研究整理，台灣書院可分爲官設之正規書院、官民合辦之義學、特殊教育、試館、文昌或朱子祠等五種類型。〔註 28〕日治時期的私塾、學堂、書房、書院等，雖然規模與教程上水準不一，難以有效管制，但都是指介於正規與非正規之間的漢文教育場所，是十分普遍的私立學校，廣義而言，名稱或可相通；但在狹義認知上，「書院」名稱由來已久，自有其歷史淵源與時代意義，與書房性質不完全相同，名稱自不當共用。因本論文探究日治時期台灣書房與詩社的消長，爲避免與清代以來的台灣書院概念混淆，故論文中均言「書房」（私塾）。

〔註24〕姚蔓蘋：《戰後台灣古典詩發展考述》（台北：國立台灣師範大學國文學系博士論文，2013 年），頁 308。

〔註26〕吳文星：〈日據時代台灣書房之研究〉，《思與言》第 16 卷第 3 期（1978 年 9 月），頁 62。

〔註27〕黃得時：「私塾台灣話叫做『書房』，是私人所設的小規模學堂。」見黃得時：〈台灣詩學之演變〉，《孔孟月刊》，第 21 卷第 12 期（1983 年 8 月），頁 47。

〔註28〕詳見林文龍：〈文昌帝君與台灣的書院〉，《傳統藝術》第 34 期（2003 年 9 月），頁 11。

（四）旗山郡、旗山街、旗山市街

　　明鄭時期平埔族人在溪州地區太山建置「大傑顛社」，作為宗教中心，代繳社餉。康熙 61 年（1722）黃叔璥《台海使槎錄》記載：「羅漢內、外門田，皆大傑顛社地也。康熙四十二年，臺、諸民人招汀州屬縣民墾治。」〔註 29〕顯示漢人未進入此區域時，羅漢內門和羅漢外門都是大傑顛社的活動範圍。關於漢人的移墾旗山地區，最早記載是在清康熙年間，一般以黃叔璥《台海使槎錄》的「卷五番俗六考」、「北路諸羅番四」、「附載」等記錄來代表漢人移墾羅漢門之始。〔註 30〕明鄭至清初，當時的大傑顛社有十二里，其中施里庄屬鳳山縣，也就是今天的旗山市街。清治至日治初期，旗山市街的行政區劃歸屬羅漢外門里，範圍包括今高雄市旗山區中西部及內門區東北部。

　　關於旗山市街的歷史沿革：清初屬鳳山縣羅漢外門里，雍正時改歸台灣縣，並設縣丞，稱為施里庄。乾隆初年稱為「蕃薯藔庄」，嘉慶年間設立「蕃薯藔街」，光緒 14 年（1888）改蕃薯藔為「太平街」，只是一般仍習慣稱為蕃薯藔。1895 年台灣改隸日本，旗山屬台南縣鳳山支廳。明治時期稱旗山市街為「蕃薯藔街」，大正 9 年（1920）因行政制度變革，實施州郡制，行政當局認為蕃薯藔舊名不雅，乃擇境內地勢高峻且風景優美的旗尾山命名，改稱旗山街，並為旗山郡的行政中心，市街範圍稱「旗山大字」，「旗山」之地名自此乃取代蕃薯藔。同年 10 月，成立旗山郡役所，廢止區長役場，合併溪州全部（含磅磅坑、嶺口）及旗尾區、圓潭地區，借保甲事務所，成立旗山街役場。戰後行政區域重新改制，民國 35 年（1946）高雄州旗山郡旗山街改名為高雄縣旗山鎮，民國 99 年（2010）12 月 25 日高雄縣市合併改制直轄市，更名為高雄市旗山區。

〔註29〕黃叔璥：《台海使槎錄》（台北市：台灣銀行經濟研究室，1957 年），頁 112。
〔註30〕楊順安：《台灣道教喪葬禮俗之研究──以旗山鎮為例》（台南：國立台南大學台灣文化研究所碩論，2011 年），頁 25。

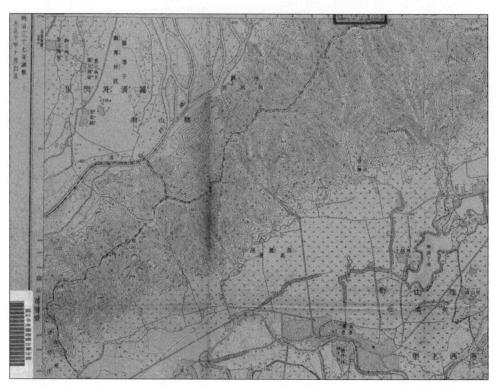

圖1-3 美濃圖，台灣總督府 臨時台灣土地調查局，明治37年調製，大正10年10月訂正。
資料來源：日治時期圖書全文影像系統
說明：明治年間位於楠梓仙溪兩側的蕃薯藔街歸屬羅漢外門里

表1-8 「旗山市街」行政區域沿革表〔註31〕

時 間		隸 屬		名 稱	備 註
清領時期	康熙雍正9年	鳳山縣台灣縣	羅漢外門庄	施里庄	黃叔璥《台海使槎錄》出現「施里庄」
	乾隆17年（1752）	台灣縣	羅漢外門庄	蕃薯藔庄	乾隆17年《重修台灣縣治》首次出現「蕃薯藔庄」記載
	嘉慶12年（1807）	台灣縣	羅漢外門庄	蕃薯藔街	最遲於嘉慶12年由蕃薯藔庄發展成「蕃薯藔街」
	光緒14年（1888）	安平縣	羅漢外門庄	太平街	光緒12年設蕃薯藔撫墾局

〔註31〕 表格資料整理自劉家宏：《旗山市街發展之研究》（台南：國立台南大學台灣文化研究所教學碩士班論文，2007年），第53～56頁、第94～95頁。

日治時期	明治 28 年 6 月（1895）	台南縣	鳳山支廳	蕃薯藔街	◎將三府改三縣（台北縣、台灣縣、台南縣），廢止以前的廳與縣，縣下新設支廳。 ◎因台灣社會仍紛擾，無法有效實行。
	明治 28 年 8 月（1895）	台南民政支部	鳳山出張所	蕃薯藔街	因抗日激烈，台灣總督府決定實行軍政，改設台灣、台南兩民政支部，民政支部下設出張所。
	明治 29 年 4 月（1896）	台南縣	鳳山支廳	蕃薯藔街	總督府解除軍政，施行民政，警察機關採用「（縣）知事──支廳長──警察署長」三級制度，全台設置三縣一廳（台北、台中、台南縣及澎湖廳）。
	明治 30 年 6 月（1897）	台南縣	蕃薯藔辦務署	蕃薯藔街	◎地方官制改爲六縣三廳，增設三縣兩廳（新竹縣、嘉義縣、鳳山縣、宜蘭廳、台東廳），下屬機構則廢止「支廳」，改爲「辦務署」，辦務署之下再設有街、庄、社。 ◎設置蕃薯藔撫墾署〔註32〕
	明治 31 年 6 月（1898）	台南縣	蕃薯藔辦務署	蕃薯藔街	地方行政簡化爲總督府、縣、辦務署三級。地方官制由六縣三廳變爲三縣三廳（台北、台中、台南三縣，和宜蘭、台東、澎湖三廳）
	明治 34 年 5 月（1901）	台南縣	蕃薯藔辦務署	蕃薯藔街	由三廳三縣改制爲三廳四縣（增恆春縣）。

〔註32〕撫墾署的設置乃是台灣總督府爲了撫育台灣境內的原住民，仿清朝撫墾局之制，在台灣幾處重要地點設立「撫墾局」，1898 年 6 月即廢除。設置目的與掌管業務爲：（1）與地方廳交涉；（2）撫育原住民；（3）交易物品；（4）日本人與漢人進入山林；（5）外國人；（6）原住民之火槍；（7）選定殖民地；（8）調查原住民之部落名稱、戶口數及風俗；（9）通事；（10）管理樟腦製造事業；（11）伐木與造林；（12）森林所屬；（13）取締山火。蕃薯藔撫墾署於 1897 年 8 月 3 日開辦，總攬台南縣全境及鳳山支廳轄內原住民、山地開墾及樟腦製造等業務。劉家宏：《旗山市街發展之研究》，頁 54～55。

明治 34 年 11 月（1901）	蕃薯藔廳		蕃薯藔街	◎廢縣置廳，由三廳四縣改制爲二十廳，蕃薯藔設廳，台灣地方行政區成爲總督府集權的二級制，地方行政制度進入穩定期。 ◎蕃薯藔廳下轄杉林支廳，後改爲阿里關支廳。 ◎首任廳長爲石橋亨，廳治設於蕃薯藔街，成爲地方行政中心。
明治 42 年 10 月（1909）	阿緱廳	蕃薯藔支廳羅漢外門里	蕃薯藔街	◎5 月 28 日蕃薯藔街街庄長陳順和與人民代表莊塗上書臺灣總督佐久間左馬太希望將名稱正名爲「太平街」，〔註33〕但蕃薯藔仍持續到 1920 年才被「旗山」取代。 ◎爲利地方行政長官統合政區內行政、經濟、交通建設等事務，將原有二十廳廢合爲十二廳，廳下仍設支廳，廳（直轄地區）及支廳之下則新設「區」，管轄街、庄、社。10 月 25 日蕃薯藔廳、阿緱廳、恆春廳合併爲阿緱廳，本區改降爲蕃薯藔支廳。 ◎支廳治仍設於蕃薯藔街。
大正 9 年 9 月（1920）	高雄州旗山郡	旗山街	旗山大字	◎實施州郡制度，將 12 廳改成 5 州 2 廳，州（廳）下設郡及市，同時進行地名改革。因旗尾山四周景色優美，乃依旗尾山之稱，將蕃薯藔區改名旗山街。

〔註33〕 明治 42 年（1909）5 月 28 日，於總督府行政區域調整之前，蕃薯藔街民眾由街庄長陳順和與人民代表莊塗爲首，聯名上陳情書，懇請將蕃薯藔街名改爲「太平街」。蕃薯藔廳長石橋亨派遣小島宗三郎與通譯生尾亨一同去調查，於同月 30 日所提出調查報告書，對地方人士之陳請更名「太平街」不表同意。明治 42 年（1909）10 月 25 日蕃薯藔廳被整併入阿緱廳之中。見楊欽堯：〈旗山名稱之演變〉，《台灣文獻》別冊 29（南投：國史館台灣文獻館，2009 年 6 月），頁 46。

				◎旗山郡：旗山街、美濃庄、杉林庄、甲仙庄、內門庄、田寮庄和不設街庄之番地。〔註34〕 ◎旗山街：下轄旗山、北勢、圓潭仔、溪洲、磅磘坑、旗尾、手巾寮等7個大字。旗山郡治及街治都設於旗山大字內。 ◎蕃薯蓉漸被「旗山」一詞替代。
昭和7年（1932）	高雄州旗山郡	旗山街	旗山大字	◎旗山郡：旗山街、美濃庄、杉林庄、甲仙庄、內門庄、六龜庄和所屬番地。 ◎田寮庄歸屬岡山郡、六龜庄由屏東郡劃入旗山郡。十月旗山街以旗山、磅磘坑、溪洲、北勢、圓潭子、旗尾、手巾寮大字作為基礎，再合併港西上里的旗尾、手巾寮，成為跨越楠梓仙溪兩岸的地方行政空間。
戰後	民國35年（1946）	高雄縣	旗山鎮	鼓山里、湄洲里、太平里、大德里、三協里為主構成〔註35〕	全鎮區域大體可分為旗山市區、旗尾地區、溪洲地區、圓潭地區、嶺口地區和廣福（手巾寮）地區等，一共包含25個里。

〔註34〕根據《旗山郡要覽》記載：大正9年10月（1920年），改廳為州，改支廳為郡、市，旗山由太平庄改為高雄州旗山郡，下轄一街（旗山街）、五庄（美濃、杉林、甲仙、內門、田寮）。《旗山郡要覽》一書蒐集昭和八、九、十二、十六年（1933、1934、1937、1941年）「旗山郡」官方資料，由旗山郡役所編輯而成。轉引自陳淑滿：〈「旗山」地名沿革與其文化傳承〉，頁120。

〔註35〕（一）旗山自古為蕃薯蓉。今日旗山鎮之中心區域以鼓山里、湄洲里、太平里、大德里、三協里為主構成，為從高雄市方向進入美濃、杉林、六龜必經之地。見楊欽堯：〈旗山名稱之演變〉，頁45。（二）旗山大字為今旗山市街範圍，其地理範圍界定，大抵東以楠梓仙溪（旗山溪）為界，西至擔橫山（鼓山），北以木柵溪為界，南以頭林溪；以行政區域劃分則涵蓋現今永和里、瑞吉里、和平里、竹峰里、新山里、鼓山里、湄洲里、太平里和大德里；以重

民國 99 年 12 月（2010）	高雄市	旗山區	和平里 瑞吉里 新山里 鼓山里 湄州里 太平里 大德里	旗山行政轄區含 21 里

日治以來旗山地區行政劃分多有變更，不同時期的名稱各有其淵源及影響，難以用統一名詞蓋括之。為了符合論文內容的論述時空，整理出以下名稱所指稱的時間與範圍：

1. 旗山郡：指大正 9 年（1920）9 月，實施「州──郡」制度後，將阿緱廳下的蕃薯藔支廳改制為高雄州旗山郡，區域包含旗山街、美濃庄、杉林庄、甲仙庄、內門庄、田藔庄和不設街庄之番地。昭和 7 年（1932）旗山郡管轄區除去田藔庄（改隸岡山郡），增列原屬屏東郡的六龜庄和部分番地。

2. 旗山街：指大正 9 年（1920）合併原蕃薯藔區、溪洲區和旗尾區部分，下轄旗山、北勢、圓潭仔、溪洲、磅磗坑、旗尾、手巾藔等 7 個大字。約等同於戰後的高雄縣旗山鎮，和民國 99 年（2010）五都合併升格後的高雄市旗山區。

3. 旗山市街：指稱旗山的最小範圍，代表著旗山人口最密集、商業最發達的地方，也是旗山文化資產分布的主要範圍。〔註 36〕依時代分別為：清

要建設來看街區北端為鼓山國小，南端為旗山國中，東為旗山堤防，西為旗山中山公園。市街範圍在不同階段發展不一，但基本上所指便是旗山鎮的行政與商業中心。見劉家宏：《旗山市街發展之研究》，頁 6。

〔註 36〕 「旗山」一詞在不同時期代表的空間與範圍也不盡相同。游步廣認為：「旗山」一詞代表著三種範圍。例如 1920 年（大正 9 年）旗山同時是郡治也是大字街庄，1980 年代時所說的旗山區泛指高雄縣旗山、美濃沿山往東北延伸的 9 鄉鎮，這是指稱為旗山的最大範圍。第二種範圍則是日治時期的旗山街，大約等同現在的旗山鎮，在 2010 年 12 月 25 日高雄縣市合併後則稱為旗山區。第三種為「旗山市街」，指稱旗山的最小範圍，代表著旗山人口最密集、商業最發達的地方。引用 1900 年「變更旗山擴大暨修訂都市計畫（第一次通盤檢討）書」所述，東至旗山溪、西至中山公園西側鼓山頂、南至三協里北側與太平里交界之頭林溝、北至旗山高級農工學校北側農路。事實上旗山文化資產分布的主要位置，就是在這個範圍。見游步廣：《當代旗山文化資產保存運動之研究（1990〜2011）》（高雄：國立高雄師範大學台灣文化及語言研究所碩論，2011 年），頁 13〜14。

康熙、雍正的施里庄，清乾隆、嘉慶的蕃薯藔庄及蕃薯藔街，清光緒的太平庄（街），日治前中期（1895～1919）的蕃薯藔街，以及日治中後期（1920～1945）的旗山大字（旗山）。

有鑑於「旗山地區」範圍說法不一〔註37〕，筆者界定本論文的「旗山地區」代表今旗山區（昔旗山鎮、旗山街）的空間範圍，但不特定時間點。以上行政區名稱背後皆牽扯複雜的歷史背景，因此當論述具時間概念的議題時，更需特別留意名稱。

第四節　研究侷限與解決

研究蕭乾源與旗峰吟社所遇到的侷限與困難，主要是在文獻史料的殘缺，以及當地詩壇耆老的凋零。為了配合田野調查工作，筆者分別於 2015 年 3 月 1 日（日）於旗山麥當勞訪問旗山重要的文史工作者江明樹先生，詢問旗峰詩社及許多詩人現況，又於 5 月 10 日（日）走訪旗山賽珠健保藥局與乾元藥局，拜訪前社長曾景釗與蕭乾源長孫蕭振中先生，得知曾社長對台灣傳統詩發展的深切期許，也在蕭家見到許多名家墨寶、詩社資料及先人遺跡手稿，另有從清朝、日治至民國後各種珍貴文獻、照片，其口述記錄亦是研究旗峰吟社的重要資料。目前筆者整理出蕭乾源的文學創作約三百多首漢詩和一篇出訪日本的評論心得，但仍有很多尚未整理發表的詩作及新史料，包括田調訪查時發現仍有許多蕭乾源晚期作品以及代筆，蕭振中〔註38〕表示：

> 早期有的人是參加，其實是不會作詩，阮阿公（蕭乾源）經常是對外參加，報名出去，只好他們那邊攏是阮阿公作，用他們的名去參加。……例如我外公（張清景）他也是不太會作，可能只會皮毛而已，不太會作，阮阿公會修，或是作給他們也是攏有。〔註39〕

〔註37〕簡炯仁依地理形勢及產業狀況，將整個高雄分成三個不同的區塊：一為「鳳山地區」，產業以商業為主；一為「岡山地區」，產業以農、漁為主；一為「旗山地區」，包括旗山、美濃二鎮與內門、杉林、甲仙、六龜等鄉，以及三民、桃源及茂林等三個山地鄉，產業以農、林為主。參見簡炯仁作，再現台灣編輯小組編輯：《再現台灣——高屏地區的發展》（台中市：莎士比亞文化出版，2009 年 4 月），頁 5～9。

〔註38〕蕭振中為蕭乾源之長孫，於旗山區東新街上經營乾元藥局，現亦為旗峰詩社副社長。

〔註39〕本論文有關蕭乾源之生平及其文學交遊之口述資料，皆為 2015 年 5 月 10 日

不管是尚未發表或證明的詩作，或是因耆老逝世難以考證真正作者的情況，在在顯示作品整理與辨識上，仍有許多努力空間。目前筆者只能知道有此情況，尚無法完整蒐羅蕭乾源詩作，有待未來繼續整理研究，以補不足之處。

此外，早期蕭乾源的漢詩創作所呈現的思想藝術未受重視，推測因為日治至戰後時期，儘管日常生活中民眾廣用漢詩，卻也質疑擊缽創作的文學價值性。目前收錄的三百多首漢詩中，大多是擊缽課題及徵詩作品，雖然仍可見詩人的個性思想，但因閒詠詩作略少，在探討作家內在情感與政治立場時，無可避免的出現侷限性，增加研究的困難度。至於作者使用筆名部分，更需事先了解作者生平，或是重覆比對詩作署名方可確知，一旦略過其一就可能遺漏掉部分詩篇，難以一窺詩人真正面貌。以蕭乾源而言，目前歸納出的詩作署名包括蕭乾源、蕭乾元、乾源、乾元、資生、雲津等，是否仍有其他稱呼，仍有待進一步考證。此外，旗峰吟社部分社員詩作數量較少，或無法取得詩人生活背景，上述困境皆是本文研究的困難與限制。

台灣文學研究正興，但學者對台灣文學的解析與認知仍存在極大分歧，為避免某些文學史料被不當捨棄或利用，或是過度主觀詮釋與暗示，即使閱讀群極少，文獻也應刊行傳世，讓後人自行依史料評介，排除個人狹隘的意識型態。目前台灣許多傳統詩社因乏人經營使得史料毀損，內容殘缺，更突顯出版現存史料的重要性。唯有透過文獻追蹤和田野訪談調查的過程，積極彙整編輯前人遺著，並相互參照重要人士的生平事蹟、文學交遊，才能更深入探究詩人生平及詩作特色，做更全面的觀照，保有客觀獨立的研究空間。另外，早期詩人留下的手寫稿部分辨識不易，為因應解決各類文字書寫形體的判讀問題，除了可藉由訪談詩人親屬友人，多方比對字跡校正疑義外，也要加強個人相關知識，增強識字與讀詩的能力。

近年來區域文學研究的問世，更加證明區域文學與土地、人民的緊密關係，許多過去未能被重視的文人作家，開始有了被大眾認識的機會。本論文將重點放在日治時期高雄旗山地區詩人作家與詩社之研究，提供相關文史資料，期望使旗峰吟社在區域文學史書寫或是個別研究時，能夠更為研究者所知。雖然在詩人詩作上的蒐羅仍有所不足，論點難免有不成熟之處，仍希望為台灣文學史上較未開發之區域奉獻一己心力。

筆者親至高雄旗山東新街乾元藥局專訪蕭振中先生時所得。

第二章　旗峰吟社創社背景與發展

　　綜觀台灣古典詩學淵源，歷來對台灣詩社的探究多從「海外幾社」[註1]
開始，但因六子當中張煌言與陳士京兩人未到過台灣，因此雖有眾多明代忠
義之士居處台灣，仍無法證明幾社與台灣詩社間的直接關係，僅能說明朝為
台灣文學的拓荒時期。明清之際，對台灣詩壇最有影響力的沈光文創立「東
吟社」，在台期間沈斯庵混處於荒野窮鄉、漢番之社，感嘆同志乏儔，才人罕
遇，可知當時地方文風不興，詩學僅在遺老及宦遊文人間交流，直到甲午戰
敗，乙未割台，台灣漢詩開始進入日本殖民統治的另一章。

　　回顧旗山地區歷史悠久，乃「一貴興兵，斯庵講學」之處，[註2] 自古以

〔註1〕　「海外幾社」乃雲間「幾社」後續衍生在海外之社局，其創立出於「幾社六
　　　　子」之一徐孚遠之手。南明弘光朝覆滅之際，幾社在松江起義失敗後，徐孚
　　　　遠繼續從事抗清復明志業，乃自松江投奔福建隆武帝；隆武滅後，又之舟山
　　　　魯王，與張煌言等結社唱和，清軍陷舟山，隨侍魯王依廈門鄭成功，至此社
　　　　事全盛；南京之役失敗後，鄭成功取臺灣，社人隨軍入臺，故海外幾社文學
　　　　被視為臺灣漢人文學之開端。郭秋顯：《海外幾社三子研究》論文摘要（高雄：
　　　　國立中山大學中國文學系研究所博士論文，2007 年）。
〔註2〕　民國 85 年鄉勵吟社李文峰寫詩慶賀旗峰詩社復社：「重逢握手喜相陪，踐約
　　　　旗峰話舊來。一貴興兵因抗滿，斯庵講學論開台。風和紫竹迎春燕，日暖洪
　　　　岩映翠苔。釀就屠蘇堪醉酒，聯歡賓主共含杯。」李文峰：〈旗峰話舊〉其一
　　　　85.03.01 旗山，《文峰詩草》，2005 年 6 月，頁 18。根據〈認識羅漢門〉說法：
　　　　永曆 17 年（1660），明末大學士太僕寺卿沈光文先生，因不滿嗣王鄭經頻換
　　　　其父之臣為政，乃作賦諷之，幾遭不測，而變服為僧，逃抵羅漢門，結茅蘆
　　　　教授生徒，過著「逃禪漫學誦經文」的生涯，該處遂逐漸成為人文薈萃之文
　　　　化發祥地。羅漢門是台灣開發最早的地方之一，在距離現在大約三百年前的清
　　　　朝康熙年間就有先民來到內門開墾，因而為內門留下豐富的人文歷史，其中以「鴨
　　　　母王朱一貴」的故事，最為人所熟知。〈認識羅漢門〉，《高雄內門紫竹寺》，網
　　　　址：http://www.nmzizhusi.org.tw/fun.html，檢索日期：2015 年 2 月 8 日。

來詩風興盛，人文薈萃。昭和 4 年（1929）農曆 2 月 1 日，高雄州旗山郡旗山街內的旗山大字裡，蕭乾源、黃光軍、范國清、蔡有國、游讚芳、陳三木等人創立了「旗峰吟社」，細究這個區域性詩社的興起背景與發展，不難發現地理位置、政治經濟與族群關係間錯綜複雜的交互關係。

第一節　旗峰吟社的創社背景

　　研究區域文學時，除了時代背景外，空間概念也深刻影響著文學發展的可能性。以下將就地理空間（旗山市街興起）、政治態度（官方支持詩社），以及社會風氣（漢詩興盛）三方面，分述日治時期旗峰吟社興起之背景。

一、旗山市街的興起

　　台灣的鄉街發展，通常是一個區域特性的反映。旗山市街三面環山，楠梓仙溪縱貫其中，東南與屏東平原相連，西北與內門交界，東臨美濃、杉林，西南接田寮、大樹，農產豐富且交通便利。以地方特性與國家行政機制而言，旗山雖被群山環抱，仍具備對外開放的交通要素，清朝以來就具有聯繫台灣縣和鳳山縣、番界交界、閩客接觸的特殊地理位置。

　　乾隆 44 年（1779）前，蕃薯藔街主要祭祀廟宇為原始聚落旁的福德祠，〔註3〕隨著漢人拓墾的擴大與聚落的延伸，嘉慶 15 年（1810 年）羅漢門巡檢移駐蕃薯藔街，雖然加強了軍事力量，但因蕃薯藔地區族群複雜，治安依舊不穩，因此嘉慶 22 年（1817）官方倡議興建天后宮，歷時八年，終於在道光 4 年（1824）完工，當時興建碑誌的捐建名單上除了諸多商號及民眾捐獻外，還有知縣、羅漢門分司、羅漢門汛官、舉人、監生、貢生、生員等仕紳，可知天后宮乃結合了地方官紳商民的資金與意願興建而成，是當地精神信仰的核心。

〔註3〕　清代蕃薯藔原只是福德祠南邊的聚落，汛防駐紮羅漢外門後構成營盤和聚落兩個不同的空間。後來，商街發展而將聚落、營盤聯成一體，這才是完整的清代蕃薯藔街的空間，福德祠乃是街域空間的公共中心。不過，天然的溪溝、人為的臨門劃開福德祠的南北，而政治的強化和信仰中心的轉移，將空間認知局限於營盤和商街，亦即以政治、軍事和信仰所構成的空間體系。見李文環：《空間與歷史：旗山文化資產之歷史論述》（高雄市：麗文文化事業有限公司，2010 年），頁 52。

　　旗山市街位於屏東平原的西北方，與台南、高雄平原以山相隔，處在兩地區間的必經位置，早在清代已形成街肆，但因位置及政治因素，使得整體發展受限，發展範圍不大。許淑娟認為：

> 在各聚落中，蕃薯藔街因其具有進出中路的起點、邊界要地、進出番界處、近河處形成渡口各優勢，乾隆中期蕃薯藔街慢慢形成街肆。受國家管理地方的消極態度影響，因防汛官兵軍紀不佳、台鳳邊界的浮動、閩客社會隔閡、楠梓仙溪中上游的封閉等作用，蕃薯藔街成為一個區域貨物流通受阻、腹地難以擴張的鄉街，街區並未擴大。〔註4〕

旗山耆老曾茂源提到：

> 自乾隆時代至今，「番閩粵」等三族群居民，屢屢攜械毆鬥事件叢生，而有傷斃命案狀況發生，已有數十條人命歸陰府。另一方面在蕃薯藔街庄內，縱有不作盛世之良民，一生貪婪不事生業之惡徒，綽號「羅漢腳」流棍，大部分為清國軍隊逃兵犯，有組織系統，成群結黨，遊手好閒不務正業，流竄各庄頭部落巷尾，日成為流丐，夜晚侵入民宅行竊。或則夜深人靜，且將病斃同伴丐屍，抬放置殷實之家門前，或丟棄田畝上、果園、街頭巷尾及移屍吊在果樹上偽裝投環自盡，其惡劣之行為，已為街庄民眾所不齒痛恨在心，怒而不敢言，而又不肯收屍埋葬，故意藉著屍體嚇騙詐財，勒索分肥，無所忌憚行為，清朝官員又無能伸手懲戒，這批惡徒流棍，任由鼠輩橫行危害地方的社會秩序，其因縣衙的威嚴盡失，在此深山奧地的蕃薯藔街庄人民，怨聲載道，怒火難消無處投訴。〔註5〕

因為地點的限制性與特殊性，使得清代蕃薯藔街開始發展，但也因清朝官府消極作為，導致此處軍紀不佳，族群隔閡嚴重，人民生活也飽受惡徒騷擾，通過性的優點未被發揮，因此清末為止只發展成一條長約二百公尺，人口一千餘人的小街區。直到日治時期，日本開始積極開發治理，居民經濟狀況穩定，生活日漸富足，地方上讀書識字、學詩吟唱等文教活動也隨之興盛，逐

〔註4〕　許淑娟：《國家與地方：旗山鄉街的時空發展過程（1700s～1945）》論文摘要（台北：國立台灣師範大學地理研究所博士論文，2004 年）。

〔註5〕　曾茂源：〈日治時代羅漢外門蕃薯藔街庄（旗山）首任庄長莊塗先生事蹟〉，《旗山奇》，網址：http://www.chi-san-chi.com.tw/2culture/db/moa_yuen/drun_tou.html，檢索日期：2014 年 8 月 8 日。

步發展成萬人以上的沿山地區中心。根據曾茂源說法，日治以後：

> 羅漢外門蕃薯藔街（旗山）仍暫時沿襲清國行政制度行使，隸屬台
> 南縣鳳山支廳，蕃薯藔街戶數約量三百餘戶，人口約一千餘人。明
> 治二十八年「乙未變革」（一八九五）日本皇軍部隊在此設置守備部
> 隊，掛牌謂「蕃薯藔撫墾署」，內設郵政便受所、警察署、衛戍病院。
> 軍政初期，於靖肅工作爲重點，掃蕩不務正業之盜寇，以及國防上
> 需求擴寬修護，台南至蕃薯藔街假軍事要道，另一方面並且進入番
> 界地域，開山撫番教導爲人修身禮教之課程工作，而且宣導台灣已
> 歸屬日本國統治，將以和平與愛心之心情輔導。明治三十年（一八
> 九七）八月改制爲蕃薯藔廳辦務署，以訓政之政策，一般行政機構
> 處理地方人士業務，隸屬更改謂鳳山縣。接照清國行政體制暫時作
> 爲範本管理，首任署長石母田正輔擔任實施一切掌理行政「番閩粵」
> 等民族事務工作。〔註6〕

日治之初，官方於蕃薯藔街設置了許多行政機構，不只有眾多官員進駐，市
街活動也開始熱絡，迫使蕃薯藔街有擴大修建之必要。當日本政府開始積極
介入開發旗山附近山區與平原，主動調解族群對立僵局時，以蕃薯藔街爲中
心的放射狀網絡〔註7〕便開始日漸擴大，除了強化街區要道，打通區域界線，
這些聯外道路也確立了蕃薯藔街的交通中心位置，使其晉身州郡下重要的行
政、軍事與交通中心。

關於「蕃薯藔」名稱的由來，一說在乾隆初年，有一老婦人在施里庄路
旁結茅寮賣蕃薯粥湯，由於待人親切，吸引行旅駐足，人人稱老嫗寮爲蕃薯

〔註6〕 曾茂源：〈日治時代羅漢外門蕃薯藔街庄（旗山）首任庄長莊塗先生事蹟〉，
《旗山奇》，網址：http://www.chi-san-chi.com.tw/2culture/db/moa_yuen/drun_
tou.html，檢索日期：2014 年 8 月 8 日。

〔註7〕 明治 29 年（1896）在日本軍隊修築下完成兩條連外的軍事道路，一條爲台南
經關帝廟到蕃薯藔的道路，寬 4 米，列爲一等道路；另外一條爲南化經內門
中埔到蕃薯藔的道路，寬 3 米，爲二等道路。而後以蕃薯藔街爲中心發展六
條放射狀交通系統，分別是第一條：蕃薯藔街到瀰濃庄，並深入竹頭角庄、
九芎林庄和龍肚庄；第二條：蕃薯藔街經旗尾庄到吉洋庄，抵達手巾庄一帶；
第三條：蕃薯藔經溪洲庄到磅磜坑庄，再轉至楠仔坑；第四條：蕃薯藔街到
山杉林庄，並深入到楠梓仙溪上游的甲仙埔庄；第五條：蕃薯藔街到牛蛙潭
庄，再通往田寮；第六條：蕃薯藔街經內門最後抵達台南。見劉家宏：《旗山
市街發展之研究》（台南：國立臺南大學台灣文化研究所教學碩士班論文，2007
年），頁 84。

寮，日久逐漸形成聚落爲「蕃薯藔庄」。再經過數十年人口增加，蔚成一條街稱之「太平街」（今老一輩者叫舊街路，約仁和街到復新街），也就是現今延平南路段。〔註8〕另一說爲康熙年間由鳳山進入開墾的漳州人與平埔族大傑顚社訂約，來此地結寮、開墾旱田、種植蕃薯，故稱之蕃薯藔。〔註9〕清代的蕃薯藔街（太平街）與日治時期新規劃的街路相比，差別甚大。日治時期稱清代旗山市街爲舊街路（太平街），位於車站前的主要道路之東，與之略爲平行，因天災與環境因素，猶如後街似的，漸成寂靜冷清的街道。明治36年（1903）4月14日，廳長石橋亨積極變革整治，針對市街新道路的命名及家屋建築方式提出訓示，這項市區現代化改正計畫，把原本過路性質的街道轉爲棋盤式的新式街衢，也將「亭仔腳」〔註10〕建築規範引入蕃薯藔街。根據《漢文台灣日日新報》記載：

> 舊街昔日之繁盛。今已冷淡矣。昔之荒野。今已繁盛矣。此吾人所以不能無今昔之感也。夫舊街自去年因旗尾溪水氾濫之故。被崩流者。十居二三。當此創後。商況亦因之頓挫。且茅茸瓦茸。參差不齊。而新街則蒙當道限制。須瓦茸土壁。方許建築。且亦必須測定基址。以杜伸縮。似此齊整。舊街豈能望其項背。至於商況。則內地人旅店飲食店及諸料理竝雜貨店。計拾五六間。本島人固在百間左右。第新街則繁盛無比。日見顧客熱鬧。若舊街則寂寞無聞。總之人以風氣移。物以隨俗轉。願舊街商人。勿竚立背後也。〔註11〕

日治時期，舊街街道狹隘，環境汙穢不堪，買賣都在叢雜街路，又陷於旗尾溪水患之災，部分店家慘遭沖毀，生意更是冷清零落，才使得市街發展核心西移到本通（中山路）路段，新興街道不只清潔無比，繁榮高尚，各式新式

〔註8〕　江明樹：〈旗山天后宮沿革〉，《旗山奇》，網站：http://www.chi-san-chi.com.tw/2culture/index.htm，檢索日期：2014年8月30日。

〔註9〕　根據日人伊能嘉矩所言：「漳州人由鳳山越過領口進入該區，向番人購得土地，結草寮進行開墾，于田園墾成之際，賴栽種蕃薯得以存活。」《大日本地名辭書・台灣》（東京：富山房，1909年），頁789。此說法較符合歷史發展與地名之形成。見楊欽堯：〈旗山名稱之演變〉，《台灣文獻》別冊29（南投：國史館台灣文獻館，2009年6月），頁45。

〔註10〕　「街路與家屋的中間，應設步道即亭仔腳，亭仔腳之建築，以外柱高十尺，簷端一尺五吋，步道內寬八尺，且以雨水能在街側之下水溝中央爲原則。」。見《蕃薯藔廳報》第114號，《台南新報》，明治36年4月26日，頁223。轉引自劉家宏：《旗山市街發展之研究》，頁72。

〔註11〕　《漢文台灣日日新報》，第2603號，明治40年（1907）1月8日，第5版。

街屋和特殊的石拱圈亭仔腳，更是居民財富的表徵。在交通建設與產業動能的驅策下，吸引各地人口流入，整個蕃薯藔街大幅向外擴展，旗山市街繁盛，具有小都市消費形態。

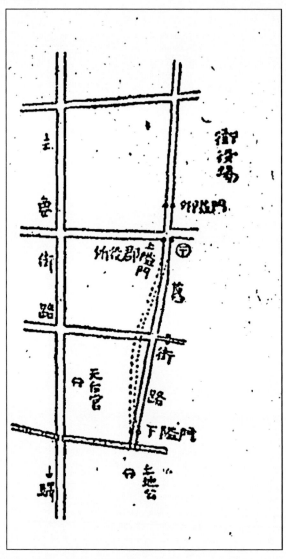

圖 2-1　富田芳郎：〈高雄州旗山の町の變遷〉〔註12〕
資料來源：日治時期期刊全文影像系統
說明：虛線部分爲舊街路，即清領時期的蕃薯藔街（太平街）

<hr />

〔註12〕富田芳郎：〈高雄州旗山の町の變遷〉，《台灣民俗》，卷期 004 期號 003 總號
　　　　033（台北：東都書籍台北支店東都書籍株式會社，昭和 19 年（1944）3 月 1
　　　　日），頁 45。

　　明治年間，蕃薯藔街農業人口偏低，居民以工商業者居多，〔註13〕此處不僅是廳治（支廳治）所在地，也是行政與與商業中心。大正9年（1920年）以後旗山街管內各大字的人口數都逐漸成長，其中又以旗山人口成長最明顯，不論是成長數或成長率皆是各大字中最高。〔註14〕區域內各種事業蓬勃興起，當時甘蔗種植普遍，官方曾於旗尾設立糖廠，旗尾煙囪煙霧終日不停，被稱為「糖業工業街」。不論是土地開墾或甘蔗栽植、採收、壓榨與砂糖運銷，都需要大量人力，如果本地農工不足，工廠亦會委託中介人到外地招工，當時就有許多來自台南北門郡或附近的農人，在工頭的號召下，開始為期三個月左右的短暫採蔗生活，〔註15〕不僅增加貨品產量，也吸引大批人群移入，熱絡旗山市街生意。根據昭和4年9月《高雄州商工人名錄》記載資料：旗山商業者銀行業者有1家，信用組合有1家，倉庫運輸業有5家，自動車會社有1家，青果容器會社有1家，米業者有5家，雜貨、糖粉肥、鹽藥、石油、煙草、酒等有9家，日用雜貨有12家，肉商則有10家，鹽乾魚1家，藥品鴉片煙膏有2家，材木業1家，金物1家，石炭木炭1家，陶器1家，服裝雜貨有4家，合洋雜貨2家，寫眞館1家，料理店5家，旅館業3家，〔註16〕顯示整個旗山大字內的商業及生活機能十分完備。除了食衣住行日漸豐盈，旗山市街的育樂也持續發展中。在清代，南管被視為高尚的音樂，重要集會或廟會常見南管演奏，成員也多為財富與風雅兼具的人士，以今日天后

〔註13〕由明治40年羅漢外門里農業人口資料，依各街庄農業人口來看其所佔總人口數比例，可發現蕃薯藔街本島人從事農業人口只佔蕃薯藔皆總人口數的16.77％，相較於各庄農業人口佔總人口數比例顯得甚低，除了北勢庄佔78.98％，其餘各庄都超過89％，甚至有達到100％者，因此更可得知羅漢外門里農業人口比例降低的原因，主要是因為蕃薯藔街從事農業人口數降低，也可知道當時工商業者都集中在蕃薯藔街。……明治39年（1906）《南部台灣紳士錄》中蕃薯藔廳的商業業者，只有一位位於磉磚坑庄，其他都在蕃薯藔街，更加確定蕃薯藔街不只是行政中心更是商業中心。詳見劉家宏：《旗山市街發展之研究》，頁70、79～80。

〔註14〕自大正9年（1920年）到昭和16年（1941年）這22年之間人口增加了6400人，人口達到10930人，突破一萬人，回顧明治28年（1895年）當時蕃薯藔街人口約1000人，日治之初到日治末期人口的成長超過10倍，增加倍數不可謂不驚人。資料來源：大正9年、14年；昭和7、8、9：《台灣現住人口》，昭和10、11、12、13、14：《台灣常住戶口統計》，昭和16年：《旗山街管內概況一覽簿》。見劉家宏：《旗山市街發展之研究》，頁95。

〔註15〕許淑娟：《國家與地方：旗山鄉街的時空發展過程（1700s～1945）》，頁186。

〔註16〕劉家宏：《旗山市街發展之研究》，頁118。

宮西廂題有「明治40年」的「鳳吟聲南樂社」匾額來看，可知清末蕃薯藔街
已有南管樂團，日治以來因為商業活動日漸熱絡，居民生活水平提升，已發
展成更文雅細膩的休閒活動。

　　日治初期蕃薯藔廳並不富裕〔註17〕，但到了昭和16年（1941）12月末，
旗山街民眾財富成長驚人，〔註18〕其中大部分的資產家集中在旗山大字，市
街人民財力日漸豐厚，一幢幢美輪美奐的新式街屋，就是居民財富累積的象
徵。日治時代旗山市街因為是行政中心，加上交通便利、人口增加、街市活
絡而不斷擴張，提供了旗峰吟社興起與發展的良好空間。蕭乾源居住在旗山
五保的「蕭家樓」，根據《大高雄風土誌》記載：「蕭厝約建於西元1920年，
由當時名人蕭水連先生所興建。日據時，蕭乾源先生曾在此創辦旗峰詩社，
帶動當地文藝風氣。」〔註19〕日治中期興建的蕭厝，座落於舊時四保五保之
間（今文中路），為兩層式仿巴洛克風格的磚造騎樓洋房，是棟綜合式的洋房。
據蕭厝後代子孫言，其曾祖蕭水連先生因經商有成，故興建大厝。〔註20〕蕭
乾源生長於日益興盛繁榮的旗山五保，是市街上的實業家也是文學愛好者。
他所創立的旗峰吟社，興起於旗山市街繁榮之際，除了帶動旗山詩潮外，更
突顯地理位置對文學發展的重要性。以漢詩發展的場域概念而言：

　　　　由於近代社會中，資產階級基於新生活型態的需求而往都市或各地
　　　　方的市街集中是共同的趨勢，所以日治臺灣漢詩文化空間，多半是

〔註17〕明治42年（1909年）8月1日《漢文台灣日日新報》（1909-08-01，4版）報
　　　　導蕃薯藔廳本島人資產一萬圓以上者有7人，二萬圓以上者有1人，在各廳
　　　　中只優於深坑廳、台東廳和恆春廳，蕃薯藔廳人民的資產在全島可說是敬陪
　　　　末座，人民普遍不富裕。見劉家宏：《旗山市街發展之研究》，頁96。
〔註18〕到了昭和16年（1941）12月末，旗山街役場所編《管內概況一覽簿》於昭和
　　　　17年記載的資產家，超過一萬圓者，旗山街人士共有193人，在旗山大字部
　　　　分也高達105人，而且吳萬順的長子吳見立的資產已超越100萬圓。見劉家
　　　　宏：《旗山市街發展之研究》，頁97。
〔註19〕黃福鎮：《大高雄風土誌——第一輯古老的建築》（高雄市：高雄復文，2000
　　　　年），頁60。另一說法，根據網頁《旗山奇——建築——已經不在的古蹟》：
　　　　蕭家樓約興建於1916年前後。
〔註20〕整樓樓宇由白、紅、綠三色搭配而成，典雅大方，門面約為一般商家的兩倍
　　　　大。洋樓的山頭正面是鮑魚塑花，門與窗皆有造形裝飾，鑲有當時流行且高
　　　　貴的磁磚。二樓的洋台護欄由琉璃窗及琉璃瓶圍砌而成，有荷蘭及清代之風
　　　　味。樓下是四點金式的圓柱承載著，所以稱其為綜合式的洋樓。見〈已經不
　　　　在的古蹟〉，《旗山旗》，網址：http://www.chi-san-chi.com.tw/8archi/index.htm，
　　　　檢索日期：2014年8月8日。

> 以交通便利的都會區，或各地主要工商繁榮的大街爲主，正是受到
> 此族群特性的影響。正因爲人潮聚集之處，就是流行文化的中心，
> 資產階級又是社會風氣的領導者，所以當漢詩群體透過相關活動以
> 發揮力量，亦即產生場域作用時，其所展現的公共性必然是相當鮮
> 明的。〔註21〕

日治台灣漢詩的文化空間多在交通便利的都會區，或各地主要工商繁榮的大
街爲主，熱衷漢詩族群的各地社會領導階層，活躍於繁榮市街，聚會時不乏
地方仕紳名士與藝妓流連，也常有交際應酬詩作交流，旗峰吟社正是從熱鬧
的旗山市街興起，逐漸發展成區域內大眾認同的開放文化。

　　清領以來，旗山市街是軍事與行政重鎮，加上產業興盛，以及日治後二
次街區改正擴張，市街成爲旗山郡人潮匯聚的重要區域。昭和時期旗山市街
是實業家蕭乾源經營事業、發展漢詩文化的生活空間及嬉遊核心。旗峰吟社
源起於繁榮熱鬧的旗山市街，當資產階級號召群體聚集市街，以文人姿態創
立詩社，舉辦漢詩活動時，詩社已是引領地方文化潮流的核心，透過媒體宣
傳更加強化其地位，成爲旗山市街興起後重要的文化地景之一。旗峰吟社不
僅在市街上的新式洋房、鸞堂以及山水名勝等場所舉辦集會活動，也多次出
現在報章傳媒上徵詩競作，將漢詩文化兼容於實體與媒體空間中，爲旗山市
街增添豐富的藝術及人文內涵。

二、書房與詩社之消長

　　回溯台灣初等教育經歷，清代地方所設學校包括社學、義學及書房（私
塾）三種教育機構，官府對民間書房採放任態度。書房因缺乏制度，在師資、
年紀、入學資格、修業年限、課程設備等，皆無明文規定，當時一般人除了
受到科舉取士影響，謀生也需具備識字能力，書房因而成爲相當普及的教學
單位，直到日本治台，傳統書房教育開始出現挑戰。馬關條約割台之際，許
多傳統文人競相投入開設書房，一方面謀生一方面避世，使得 1897 年全台書
房從總數 1127 所，一年內增加了 580 所，「詩社」成爲傳統詩人另一個活動層
面。日本接台之初，因統治者仍未確立對台的教育方針，一切臨機應變，因
此書房教育尚不受干預。直到 1898 年頒布「書房義塾規程」後，將書房納入

〔註21〕謝崇耀，《日治時期臺北州漢詩文化空間之發展與研究》（嘉義：國立中正大
　　　　學中國文學所博士論文，2010 年），頁 16。

管理，開始逐步對書房進行干涉，隔年立刻有 300 所書房關閉；1903 年教育令修改公學校規則，漢文成爲獨立一科，但教學時須一律用日文表達；1919年公布秉持「內地延長主義」的「台灣教育令」，1922 年又修改教育令，讓漢文成爲選修科目；1937 年正式廢除漢文，到 1943 年頒布「廢除私塾令」爲書房教育正式劃下句點。〔註 22〕反觀傳統詩社，從割台前的 11 個可考詩社，到日治晚期已達二三百個詩社〔註 23〕，可見傳統詩社在日本政府默許下蓬勃擴展。

　　日本著重台童的日語、品德和實業教育，目的在同化台灣人民做一個奉公守法、忠君愛國，具有基本知識技能的順良皇民。根據日治時期初等教育研究，日本殖民統治下的教育機構分雙軌實施，公學校爲台童而設，小學校爲日童而設，公學校水準明顯低於小學校，不平等的教育方式，讓台人父母雖將孩子送往公學校就讀，仍把書房視爲教育的另一個重要環節。〔註 24〕雖然文官總督田健次郎倡導「臺日共學」，總督府也曾二次修正「臺灣教育令」〔註 25〕，將公學校與小學校改爲「國民學校」，以單軌形態宣傳臺日教育均等，事實上差異化、不平等教育依然存在，就算將漢文列入學校課程，也只是爲了暫時保留官方與台灣仕紳間的溝通工具。隨著日語快速普及，漢文與母語的使用程度與表達能力相對萎縮，至日治中晚期，日語已成爲使用不同方言的台灣人彼此交談的「共同語言」。連雅堂在《臺語考釋》序文中，曾無奈說道：「今之搢紳上士乃至里胥小吏，遨遊官府，附權趨勢，趾高氣昂，自命時

〔註 22〕陳芳萍：《彰化應社及其詩作研究（1939～1969）》（新竹：國立清華大學中國文學系碩士論文，2002 年），頁 6～7。

〔註 23〕根據王文顏與陳丹馨的統計，割台前的 213 年間，台灣可考的詩社共 11 個，到 1943 年的顛峰期，四十餘年間已達 226 個；許俊雅所作的統計數字爲 290個；而黃美娥則是認爲有 370 個以上的詩社。

〔註 24〕日治時期的教育體制，在廢除書房以前，書房與公學校是兩種比較普遍的基礎教育。而由於時間與金錢的餘裕，社會領導階級的子弟往往能兼顧兩種學制，且較能擺脫殖民教育方針的制約而表現出認同漢學的自主性，並進而影響漢學環境的維繫。見謝崇耀：《日治時期臺北州漢詩文化空間之發展與研究》，頁 56。

〔註 25〕1919 年日本對臺之殖民教育政策確定，頒布「台灣教育令」，採取同化主義，以教育臺灣人民爲「忠良臣民」爲宗旨。1922 年修訂「臺灣教育令」，使臺日學童依循同一教育法令，以示「平等」。1939 年二戰爆發後，爲落實皇民化教育政策，總督府第二次修改「臺灣教育令」，將小學校與公學校一律改成國民學校。

彥，而交際之間，已不屑復語台語矣！」〔註26〕足見同化政策已明顯削弱民眾的文化認同。

　　日治初期傳授中國文化的書房未被立即禁止，並非日本教育政策的寬大包容，而是因爲書房具有過渡性價值，官方評估現實狀況後，選擇先利用後查禁方式處理民間書房教育。明治30年（1897）10月木下邦昌於「學事視察報告書」指出：

> 本島書房由來已久，在教育上貢獻甚大，今日遽然予以廢除，教師
> 糊口無著，必然成爲本島施政上之妨害，而另一方面又必須設立取
> 代書房的教育機構，然而，畢竟經費有所不足，因此他日在本島頒
> 布新學制時，仍需保留書房，唯希望對之有改良之方案。〔註27〕

日本積極設立國語傳習所，推廣日語普及化運動，也放任書院繼續維繫中國傳統文化的影響力，扮演暫時性的替代角色，直到明治31年（1898）頒布「台灣公學校令」，同年另頒「書房義塾規程」，開始階段性限制書房活動，漸次改良書房教科，包括加設日語課程，並編印《大日本史略》、《教育敕語述義》等轉發各書房作爲主要上課教材，至此書院已受到嚴格監管，再加上公學校免繳學費、書房教師素質參差不齊、許多優秀教師受聘至公學校教授漢文科、部分組織鬆散或未依書房義塾規程經營的書房紛遭官廳取締等因素，導致原本興盛的書房逐漸衰微，〔註28〕不僅數量銳減，續存者多數終不免淪爲代用公學校。根據《台灣省通志》卷五〈教育志・教育設施篇〉的日據時期臺灣書房增減數量統計資料：

〔註26〕連雅堂：〈《臺語考釋》序二〉，《連雅堂先生全集・雅堂先生集外集》，南投市：
臺灣省文獻委員會，1992年3月，頁20。

〔註27〕台灣教育會編「台灣教育沿革誌」，台北，1939，頁969。轉引吳文星：〈日據
時代台灣書房之研究〉，《思與言》16卷3期（1978年9月），頁64。

〔註28〕詳見黃文樹：〈日據時期高雄市初等教育之研究〉，《高市文獻》第7卷第2期
（1994年12月），頁10。

表 2-1　日治時期臺灣書房增減數量統計資料表〔註29〕

年＼類	書房		備　註
	總　數	增減數	
民國 6 年（1917 年）	533	−51	
民國 7 年（1918 年）	385	−148	
民國 8 年（1919 年）	302	−83	
民國 9 年（1920 年）	225	−77	
民國 10 年（1921 年）	197	−28	
民國 11 年（1922 年）	94	−103	日方統治日趨穩固，書房數量急速下滑。「台灣公立公學校規則」發布。爲因應「台灣教育令」之「台日共學」新措施，將所有漢文課改爲每週二小時的「隨意科」（選修），並得視地方情勢，廢除漢文課。
民國 12 年（1923 年）	122	+28	官方廢除公學校漢文科，民間又再度興起學習漢文的風氣。
民國 13 年（1924 年）	126	+4	
民國 14 年（1925 年）	129	+3	
民國 15 年（1926 年）	136	+7	
民國 16 年（1927 年）	137	+1	旗山悟眞社成立，借天后宮開設學堂。
民國 17 年（1928 年）	139	+2	
民國 18 年（1929 年）	160	+21	旗峰吟社創立
民國 19 年（1930 年）	164	+4	
民國 20 年（1931 年）	157	−7	1931 年後書房統計逐年遞減，未有再增。

明治至大正年間公學校本島學齡兒童比逐年提升，公學校漸爲社會學習主流，勢力已凌駕書房之上。根據書房增減情況可推知，大正 11 年（1922）因日方統治日趨穩固，傳統書房數量急速下滑。事實上在 1922 年正式公布漢文課改成隨意科前，已經存在漢文廢止論的爭議。當時日方取締書房和廢除漢文課的理由包括：漢文教授不得不讀台灣音，很阻礙內地語的進步。其次是利用漢文的時間，可以多練習內地語云云。〔註 30〕明顯可見廢除書房及漢文

〔註29〕統計資料摘錄自施懿琳：〈日據時期臺灣古典詩的抗議精神與比興諷諭傳統〉，《古典文學》第 12 集（1992 年 10 月），頁 286。對應西元年分及備註欄部分爲筆者自行增補說明。
〔註30〕《台灣新民報》361 號，頁 2，〈新竹州勢調查會又一產物——廢止公學校漢

科就是要強制台人學習日本語，在無詩書薰陶且缺乏民族觀念的學習環境中，慢慢改變民眾的生活形式，強調勞力服從而莫能議論，達成同化政策之目的。只是早期漢文在台灣社會中有其實用性與必要性，主張應繼續漢文教育的理由包括：一、漢文化的卓越，二、利於台灣與中國商業往來、親善交流，三、日常生活書信、記帳的道具。〔註 31〕因此當官方廢除公學校漢文科時，不僅刺激台灣人的民族情感，也限制了一般民眾的日常生活所需。政令一出台灣群情譁然，一方面投書報社訴諸輿論，一方面讓子弟於夜間重返書房接受漢文教育或聘家庭教師教授漢文，使得逐年減少的書房數量又略為攀升，民間再度興起學習漢文的風氣。

　　由於公學校的資本支出必須仰賴當地有錢的資本家慷慨解囊才得以穩健發展，因此日政府一開始採溫和漸禁方式監督書房，同時也給各地詩社經營漢文的空間，以避免社會反彈，繼續爭取社會領導階層的支持。只是政策雖限禁書房存在，但各地方廳對書房管理監督之寬嚴不齊，步驟不一，當時未經官方認可的書房普遍存在，〔註 32〕連續八年各地區仍有零星書房成立。以旗山市街而言，部分仕紳文人對台灣本土漢語文化仍有著強烈的傳承使命感，根據旗山耆老曾茂源說法：

> 在旗山街上有位紳耆陳啟雲先生，出生於明治九年二月十五日（一八七六），先父陳先贊先生教子有方。陳啟雲先生睿知明鑑，憂心忡忡，耿耿於懷，台灣本土母語化，唯恐將來被日本帝國之教育文化薰陶習染之下，又跟日本大和民族逐步融和共同生活，終被融和一體，並且又承奉日本本國歷史地理教學，悠遠在不知不覺之中被蠶食。倘若台灣人民仍然渾沌無警覺心，可能危害到本土優美語言文化，掉落日本人的陷阱，甚至逐漸在台灣島上，消失，殆盡。〔註 33〕

文科〉。轉引自王順隆：〈日治時期台灣人「漢文教育」的時代意義〉，《台灣風物》49 卷 4 期，1999 年 12 月，頁 119。

〔註31〕 王順隆：〈日治時期台灣人「漢文教育」的時代意義〉，《台灣風物》49 卷 4 期（1999 年 12 月），頁 120。

〔註32〕 各地方廳對書房管理監督之寬嚴不齊，步驟不一，尤為影響書房實質改變之重要因素。……未經官方認可的書房普遍存在。詳見吳文星：〈日據時代台灣書房之研究〉，頁 71。

〔註33〕 曾茂源：〈追尋‧被遺忘行善團〔悟真社〕的足跡〉，《旗山奇》，網址：http://www.chi-san-chi.com.tw/2culture/db/moa_yuen/wu-jen-she/index.html，檢索日期：2014 年 8 月 8 日。

台灣從清中葉以後由移墾社會轉型，文教事業逐漸興起，各地仕紳開始鞏固階層與勢力，成為一個以仕紳為領導中心的鄉治與文治社會型態。日本治台後，統治者必須處理與仕紳的相處問題，除了企圖改變這種「鄉治社會」型態，也要尊重原有地方的「文治社會」文化，與仕紳保持良好的互動關係。當時社會中漢文仍有極高的實用性，「推廣漢學」未必就是宣揚民族主義，使得漢文教育能在地方仕紳支持與官方默許下繼續發展。

　　陳啓雲生於清同治年間（1876），乙未（1895）割台時，年僅 19 歲。他在旗山街經營米穀精米，店名「利源精米所」〔註 34〕，生意擴及屏東，是旗山市街上儲蓄破萬的資本家。〔註 35〕日治以來，陳啓雲因擔憂台灣本土母語話消失殆盡，積極奔走各方，尋訪地方士紳、耆老及碩學人士，期能徵得大家共識，盡速搶救鄉土語言。為了不讓傳統文化失根，希望後代子孫知道自己的出身來歷，昭和 2 年（1927）51 歲的陳啓雲在旗山天后宮東廡成立籌備處，並禮聘漢學塾師，設置學堂授課，以啓童蒙。曾茂源提到：

> 擇吉昭和二年四月初成立籌備處，暫借用天后宮東廡，教導學子經研本土母語文化，避免遭遇失傳命運使其復活，進而重然薪火傳承後代，子子孫孫於萬世。籌備處成立後，積極快速處理繁雜事務，訂制桌椅，購買書籍課本教材，預備文房四寶等，暫定授課學子限額三十人。另外在天后宮大廟東側倚靠壁角一隅，興建一座「惜字紙」焚化爐。揭櫫綱目，主旨在促使學童領悟勿迷惑未來，應切實確保，留存傳統固有，為人互尊重道德規範教育，而強調勿遺忘本土母語之精髓。促成意涵，中堂左右上方各懸掛著一塊匾額，右方「悟門」，左方「道眞」，命名「悟眞社」，喚起民眾勿忘本為長遠傳承。並於東廡中堂，正中央供奉大成至聖先師，右側倉頡制字先師，及左側文昌大帝君三位神君牌位，以勵學子灌輸進德修業，俾得使他日貢獻社會。〔註36〕

〔註34〕 見昭和9年（1934）9月6日「最新版 臺灣商工業案內總覽」，出版單位：東明印刷合資會社，頁386，資料來源：日治時期圖書全文影像系統。
〔註35〕 昭和16年（1941）12月末資產超過2萬圓者（旗山大字部分）：陳啓雲、職業：貸地業、資產額：42980。見劉家宏：《旗山市街發展之研究》，頁98。
〔註36〕 曾茂源：〈追尋‧被遺忘行善團【悟眞社】的足跡〉，《旗山奇》，網址：http://www.chi-san-chi.com.tw/2culture/db/moa_yuen/wu-jen-she/index.html，檢索日期：2014年8月8日。

陳啓雲設立學堂的目的在督促學童「勿忘本才能長遠傳成」、「尊重道德規範教育」，更重要的是「勿遺忘本土母語之精髓」，因此以至聖孔子為首，期勉學子努力向學，推崇「傳統中國」的形象鮮明。根據台灣總督府「台灣教育誌稿」：

> 早期台灣書房教室或在教師自宅，或借宮廟等場所，教室的正面設「至聖先師孔子神位」或懸掛文昌帝或魁星畫像，學生必須自備桌椅。教師的收入主要有束脩、贄儀、節儀及供膳，係隨貧富自由致送。概言之，一所書房學生多則三、四十人，普通約十餘人，教師一年的收入多則二、三百圓，少則約數十圓，膳米約二、三石內外。

〔註 37〕

悟眞社成立於日治「同化政策」（1919～1937）時期，分析成立目的及形式，剛開始設置的悟眞社猶如傳統書房，在官方漸禁書房的同時，地方學堂仍能依附當地社會領導階層而存在，〔註 38〕可見在總督府大方向政策下，區域內仍有因地制宜的力量。在旗山市街內，日本官員對當地仕紳有一定程度的包容與禮遇，〔註 39〕以陳啓雲而言，生於清末的他對漢語有著無法切割的民族

〔註37〕 詳閱台灣總督府「台灣教育誌稿」（台北，1902）頁126～134；台灣教育會編「台灣教育沿革誌」（台北，1939）頁965～968。轉引自吳文星：〈日據時代台灣書房之研究〉，頁62～63。

〔註38〕 當時社會的領導階級，雖然因為與官方必須維持和諧而必須送子弟入學甚至贊助公學校設立，但「家長認為公學校只是學兩句日文的地方，他們更堅持子弟規規矩矩的到私塾上學，許多學生在這兩種學校上課。」因而得以支持漢學傳承的基礎——書房——之存在。見謝崇耀：《日治時期臺北州漢詩文化空間之發展與研究》，頁56。

〔註39〕 日本統治旗山，原先在旗山開發創業有成的吳萬順，主動提供鼓山下一塊土地供保甲會館使用，後日本政府在旗山設郡，下設旗山街役場，位於旗山街旗山公園下方「保甲會館」改為街役場「公館」（街長宿舍），該地主吳萬順一直不肯放棄土地所有權，日本政府將該土地列為官有地（州有地），並取消吳萬順擁有官有原野地資格。土地所有權雖遭取消，大地主吳萬順在旗山有他的身份與力量，又與大日本帝國政界關係良好，了解日本雖然在台灣是征服國，但國內崇尚法律，因此不理它，該地產權歸屬問題持續存在。整個案子一直拖到昭和4年（1929），吳萬順主動向高雄州知事太田吾一提出「還地願」書，甘願將土地交由官方處置。身為旗山第一家，吳萬順為了繼續持有該地，與官方關係爭執了十二年，最終在各界協調下才放棄。當時那塊二分四厘六毛土地只是吳家全部土地之九牛一毛，但從吳萬順的堅持，也可見日本政府為了便於統治，希望藉由台人治台，因此對台地地方仕紳是有些放縱。詳見曾宜中：〈日治旗山街役場資料研讀——日治政府對台地地方仕紳之放

情感，儘管設置學堂，提倡漢文，但對地方貢獻甚大，與官方關係依舊良好，〔註40〕因此並未真正受到日方官員打壓或禁制，還曾獲頒表彰狀、更改日本姓氏。

根據昭和7年（1932）1月1日《社會事業の友》〈內地視察團の感想〉一文記載，昭和6年（1931）蕭乾源曾擔任過悟眞社主事，隨官員一同至日本考察內地的社會福利事業。當時旗峰吟社已經成立二年，由此可見，悟眞社與旗峰吟社間有著一定的聯結與交流，兩者都是市街上重要的漢文學習場所，推想當時旗山大字內推廣漢文學習的環境並不嚴峻。悟眞社成立後開始關注旗山市街各項慈善事業，從事社會救濟和窮民救護事業，昭和6年（1931）開設附屬醫院，先後聘請蔡江河、蘇壁琮和蘇明玉擔任主治醫生，昭和8年（1933）增設行旅病人收容所，已不再是單純的學堂教育組織。

自古以來，地方文教發展可視爲一地開化程度的重要指標。日治時期的社會領導階級重視漢文化，在民眾對漢文仍有生活、社交的實質需求下〔註41〕，或因書房數量及品質每況愈下，或是經濟能力不足以支應兩種教育，詩社逐漸成爲學習漢文的主要場域。日治時期的傳統詩社，對內扮演著聯繫台灣文人與延續漢文命脈的角色，對外則有促進台日文人交流，達成日本官方拉攏監督台人的目標，在日台雙方各取其利的情況下，詩社持續發展，承接延續漢文化的功能，逐漸建構出組織性極強的地方性社團，不僅是漢人「延一線斯文」的基地，也是鄉里仕紳聯誼交際的最佳聚所。當時全台各地皆有

縱〉，《旗山奇》，網址：http://www.chi-san-chi.com.tw/2culture/db/jun_e/j_e_charn_landlord.html，檢索日期：2014年8月23日。

〔註40〕 陳啓雲先生於昭和十四年十月三十一日，榮獲高雄州知事正五位勳四等，赤堀鐵吉先生頒賞表彰狀一紙及花瓶一個，表揚對地方之貢獻。並於昭和十八年八月一日，經州知事許可，更改日本姓氏爲東田啓文。參見曾茂源：〈追尋‧被遺忘行善團〔悟眞社〕的足跡〉，《旗山奇》，網址：http://www.chi-san-chi.com.tw/2culture/db/moa_yuen/wu-jen-she/index.html，檢索日期：2014年8月8日。

〔註41〕 因爲日治時期的社會領導階級多來自於資產階級，這種仕紳與工商整合的情況，使其對整體社會的支配性與領導性有增無減，而其文化意向對社會整體層面的影響勢必更甚於以往，由於社會領導階級仍重視漢文化，故不論是在工商社會的實用目的，例如簿記工作，以及社交領域的應用所需，例如興觀詩文，乃至民族認同與生命意境的展現，例如書畫藝術，都仍依賴漢文化的元素，所以使得民間社會在生活上仍保有相當程度的漢文化認同與依賴，也因此書房不至於迅速消滅，社會對公學校也有漢學課程的期待。見謝崇耀：《日治時期臺北州漢詩文化空間之發展與研究》，頁57～58。

詩社創立，社會興起寫詩風氣，中嘉南地區的詩社有 69 社之多，冠於全省，高雄地區雖是後起之秀，詩社數目也相當可觀。

　　昭和 4 年（1929）成立於旗山市街的「旗峰吟社」，在社長蕭乾源自宅二樓定期聚會，傳授漢詩寫作並與同好一同創作課題，是舊式書房式微之際所成立的地方性詩社組織，透過文友間擊缽吟詠，著詩相贈之風氣，不僅成為地方上的文教指標、社交社團，也擔負起傳統漢學的傳承。

　　日治時期官方逐步限禁書房扶植詩社成立，使得各地書房數量萎縮，知識份子開始轉向日本政府採寬容態度的組織，促使台灣各地詩社蓬勃興起，這是一個總體性的概略說法。事實上，各地仍存在著因地制宜的現象，在禁止與允許間，關係著倡議者在地方上的背景與影響力。以旗山市街而言，在旗峰吟社成立的前兩年，地方上也曾出現推廣漢文學習的社會救助機構（悟真社），能看出當時旗山大字內對漢文教學相對寬容的態度。因此，在官方對書房規範及限制日多，以及官方支持「詩社」且尊重地方仕紳，希望保持良好互動的態度下，昭和 4 年（1929）旗山五保的實業家蕭乾源，成功創立主張切磋詩藝，傳授古典詩學的旗峰吟社，期間未受到太多官方阻撓。

三、日治台灣古典詩的蓬勃

　　台灣古典文學先驅可推至明朝遺老沈光文，清領時期台灣古典詩文從寓台文士的歌詠山川蟲魚鳥獸，轉向本土文士反映現實、批判時局。1895 年之後，台灣文壇生態出現改變，學者歸納日治漢詩興起的背景，包括官方的推動、印刷傳媒的刊載流通、詩社團體交流等〔註 42〕。日治時期臺灣人學習漢文，一開始可能是源於根深柢固的民族情懷，加上不信任官方的差別教育政策，視漢文為文化權力的延伸等，因此學習風氣盛行。既然社會上漢文實用性頗高，重視子弟教育與前途的社會領導階級，在時間及經濟皆寬裕的情況下，當然希望子弟同時接受多種語言和文化的教育。〔註 43〕為了增強謀生能力、社交應酬，日漢語雙學成為趨勢，但因書房沒落，取而代之的詩社成為

〔註42〕　顧敏耀、薛建蓉、許惠玟：《一線斯文──台灣日治時期古典文學》（台南市：台灣文學館，2012 年 11 月），頁 10。按：本章節談詩社興起之背景，因詩社交流屬社團成立後的活動，故有關詩社團體交流部分暫不討論。

〔註43〕　「來自有餘裕和書香門第的幼童」往往「公學校放學後，許多學生進入書房學習漢文」見 Tsurumi, E. Patricia 著，林正芳譯：《日治時期臺灣教育史》（宜蘭縣：仰山文教基金會，1999 年），頁 25。

台灣人學習漢文的重要場所，加上官方倡導、媒體鼓吹，以擊缽、徵詩等應用性為主的特殊漢詩文化逐漸成形穩固。

旗峰吟社創立於日治台灣古典詩興起階段，當時除了官方支持與印刷媒體的推波助瀾外，各地受到擊缽酬唱之風氣影響，不僅鄉里仕紳互動活絡，也帶動民眾閱讀與創作的風氣，是日治旗山第一個成立的傳統詩社，也是日後旗山地區重要的漢學文化搖籃。

（一）官方的有意推動

日治以來，書房不受統治者青睞，逐步收編查禁。日本政府舉辦以攏絡為目的的揚文會與饗老典，希望透過耆老和尊者在地方的影響力，宣傳統治者的德政，爭取地方仕紳及文人支持，達到收攬民心之效。

日治時期全台詩社紛起，傳統詩社成為日本官方默許推動漢學的場域，尤其在大正 10 年到昭和 12 年（1921～1937）這 17 年間，全台詩社數目增加最多，共成立 159 個新詩社，是台灣詩社林立的高峰期，此「高峰期」出現的原因，與當時總督優渥文人、社會興起寫詩風氣有關。〔註44〕關於日治初期的台灣詩壇，郭水潭曾言：

一布衣之詩人得與總督交驩酬唱，其感榮幸，當難言喻可知矣。故
臺灣詩社之所以興，及全臺聯吟之所以發端，多由此而起者。〔註45〕

「推廣漢詩」是日本治台的「懷柔」政策之一，大抵有聯合吟唱、全島徵詩、報紙推動等具體做法。所謂聯合吟詩，包括由在台官員邀集文士到官邸吟詩作對同時聯絡感情，使漢詩人地位獲得擢升，對日後台人參與漢詩寫作具有強烈的暗示與鼓勵意義。還有由各地官員出面與台灣文士互相唱酬，甚至組織結社以收攬人心，或將全島詩人集結起來，由官員加以勗勉，給與金錢及地位上的好處等，明確傳達政府鼓勵古典詩發展的立場。此外，握有普及媒

〔註44〕大正 10 年（1921）田健治郎總督曾於官邸招待全台詩人，對於詩人的高度禮遇，無疑是各地詩人漸增、詩社紛起重要契機。除了總督推動文雅外，台人風起雲湧的響應更是造成詩社盛起的主因。這期間台灣又有許多地區才開始設立第一個或第二個以上的詩社，如今之宜蘭縣、苗栗縣、南投縣、高雄縣、澎湖縣等。至於全台詩社林立的高峰期下限，出現在昭和 12 年（1937）後的原因，自然與中日戰爭有關，過去舉辦已久的全島聯吟活動也一度暫停，是故爾後之詩社活動當然無法再與前階段相比。參見黃美娥：《古典臺灣：文學史、詩社、作家論》（台北市：國立編譯館出版，2007年），頁 191～192。

〔註45〕郭水潭：〈日僑與漢詩〉，《臺北文物》4 卷 4 期，1956 年 2 月，頁 102。

體的日本官方曾舉辦全島徵詩活動，不只讓漢詩發展普及化，滿足許多人成名欲望，也能依其政策方向影響大眾視聽，達到收攬人心的目的。

　　日治時期漢詩群能發展，是因為吟社成員絕大部分都「思想穩健」，課題擊缽亦多「平凡題目」，未涉及政治、時事，人物也多是當時穩健紳士，都是中等以上之家。〔註46〕以統治者角度而言，成立漢詩社的舊文人大多擁有一定資產，是官方眼中有地位的紳商，給他們一個活動場域不僅可以拉攏詩人，使其重溫獲取科舉功名般的殊榮，更可以就近看管，避免反抗思想的滋長。舊文人可從作詩中找尋榮耀與安慰，新生代也從長者的教導中習得作詩的技術，又從社會中感受到「詩人」身分所帶來的榮耀感與實用性，自然助長詩社林立，成員也愈加複雜。這些日治後的新生代詩人來自各行各業，雖然看重詩、喜好寫詩，但也將古典詩當作日常生活中人際往來的最佳應酬文字，詩社性質已逐漸成為文人仕紳酬唱贈答、舞文弄墨的休閒場域。在台灣古典詩的發展過程中，雖然台灣文人已有自己獨立的空間，不一定需要日本政府的幫助，但官方對古典詩發展仍可見貢獻。

　　施懿琳根據日治時期台灣古典詩作者的生平事蹟、詩作內容及其與統治者的親疏關係，將之分為三者類型：一為徹底反日，拒絕妥協者，二是表面與日政府虛應，而骨子裡卻有堅定的抗日意識者，三指親日色彩濃厚，但作品實不乏抒發滄桑之痛者。〔註47〕受到官方支持的必然是二、三類型的詩人，多數吟社成員思想穩健，課題擊缽也是平凡題目，少有批判政治、時勢之作，且主導人物也多是當時鄉里仕紳文士，與統治者間保有某種程度的互動交流，才有閒情雅致結社交遊，吟風嘯月。日政府對漢私塾與漢詩社呈現兩極化態度，不同於逐步廢除書房，漢詩社反受獎揚，至二戰爆發後，日本為加緊同化政策開始禁用漢文，但全島仍有一百多個詩社，其中以漢文印行的《詩報》還能免於被摧殘，可想而知當時日本人眼中的詩社活動，僅是地方仕紳雅士的娛樂聚會，擊缽吟詩也只是一種休閒遊戲，香奩綺麗與應酬諂媚之詩充斥其中，實無嚴禁之必要。

　　日本政府推動漢文，主要作為溝通東亞的工具，促進台日人民交流，將

〔註46〕楊永斌：〈從「風月」到「南方」──論析一份戰爭期的中文文藝雜誌〉，郭怡君、楊永彬編著，河原功監修：《風月‧風月報‧南方‧南方詩集──總目錄、專論、著者索引》（臺北市：南天書局，2001 年），頁 105。

〔註47〕詳見施懿琳：〈日據時期臺灣古典詩的抗議精神與比興諷諭傳統〉，《古典文學》第 12 集，1992 年 10 月，頁 249～256。

漢詩視爲一種社交工具，或是實用藝術，相當程度的達成殖民政府籠絡台人的目的。

昭和 4 年（1929）蕭乾源創立旗峰吟社時，並未受到嚴厲監督或打壓限制，對官方而言，反而是另一個收攏旗山仕紳認同的管道。蕭乾源與旗山郡官員互動良好，因此昭和 6 年（1931）才有機會隨總督府官員一同赴日考察，回台投入旗山地區的社會救助事業，也證明他在地方上有一定的聲望及影響力。只是官方也非一味放任詩社成立運作而不加管束，舉例而言，昭和 10 年（1935）黃石輝因日警騷擾、經濟貧困及個人健康因素，決定離開屏東舉家遷居旗山市街開設印鋪，當時蕭乾源積極邀請他爲社員講解漢詩創作之法，但因黃石輝本身左翼思想濃厚，〔註 48〕仍然經常受到旗山地區的日警監控，希望藉此嚇阻並規範詩人的思想與創作。由此可見，日本政府雖支持詩社集會吟唱，但仍在意民眾的反抗意識，一旦列爲官方黑名單，其思想及行動自由都將持續被監控限制。

（二）報刊媒體的發達

日治時期總督府對於台灣的新聞發行制度採取許可主義（統治主義），〔註49〕不許自由發行，實施事前檢查制度，將大眾媒體視爲殖民政策之方法，以管制思想與意識爲目的。正因官方嚴厲管制台灣新聞，受到日政府支持的漢詩活動更可直接藉由報章雜誌大肆推廣，透過印刷媒體的宣傳功能，不僅提升各地詩人詩社的知名度，也加速文人間的聯絡往來，包含《台灣日日新報》、《詩報》、《南方》等，皆建構出一個跨區域的漢詩交流平台，是當時傳統文人互通聲氣及自我宣傳的休閒刊物。除此之外，由於印刷術的進步，出版業

〔註48〕 黃石輝的印鋪就在旗山大街，即今旗山鎮中山路95號，那是一排頗具特色的古老建築。……據黃承系先生回憶說，那時他的父親的身體狀況雖然不佳，但聽別人說他好像還有在跟中部一帶的農民組合聯絡，只是沒聽說他曾經加入而已。然而也因爲這些原因，旗山地區的日警便三不五時地到「心影印房」（黃石輝所開的印鋪名，「心影」乃其筆名）繞繞，希望能收到嚇阻之效。見黃文車：《黃石輝研究》（嘉義：國立中正大學中國文學研究所碩士論文，2001年 6 月），頁 16。

〔註49〕 根據日本大正 6 年（1917）頒布的律令第二號「台灣新聞紙令」規定：「新聞紙係指用一定的名稱，定有期間，或在六個月內不定期發行的著作，及定期之外臨時發行，且用與原著作相同之名稱者。」以上法令對報紙與雜誌並無明顯的區分，統以「新聞紙」稱之。參見張圍東：〈日據時代台灣報紙小史〉，《國立中央圖書館台灣分館館刊》5 卷 3 期（1999 年 3 月），頁 50。

日益發達，詩集刊物蓬勃產出，也使詩作大爲流行，引領更多民眾欣賞並創
作漢詩。正因日治初期官方對漢詩的推行態度，連帶促使大量印刷傳媒刊行，
不僅讓漢詩普及化，也左右了當時文壇的領導權，對招徠漢詩人有一定成果。

　　以報章徵詩而言，透過媒體公開徵求詩作，社會大眾多了一個更寬大的
發表及閱讀平台，對於區域型小詩社或默默無聞的詩人而言，藉由媒體的引
介，不僅能認識更多詩界同好，也相當程度彌補了地理空間的局限，使詩人
詩社間的交流更爲活絡。根據謝崇耀說法：

> 根據「日治時期臺灣徵詩表」，1907 年以前臺灣僅有三次徵詩活動，
> 但發起者都是內地人爲表彰紀念之用。本島人發起徵詩由 1908 年
> 起，直到 1917 年才第一次有詩社延伸徵詩的適用範圍，正式開啓徵
> 詩作爲漢詩之媒體空間，跳脫地理與實體空間限制，以作爲文人交
> 流的用途。但直到 1919 年臺灣文社每月定期徵詩，連續數年，才確
> 立了徵詩可作爲詩人倚賴的交流管道。而這樣的文化儼然成風，顯
> 然是在 1921 年之後，當時臺灣漢詩文化空間在實體組織上已逐漸成
> 熟，媒體空間亦順勢發展，1921 年臺灣全島的總徵詩次數至少在 53
> 次之上，已超越過去 20 餘年的總和，且多爲詩社定期徵詩，1923
> 年甚至高達 76 次以上，與全盛期已相距不遠。由此可見漢詩文化空
> 間與媒體密切的關係。〔註50〕

1920 年代以來台灣詩社蓬勃發展，印刷媒體功不可沒，以台灣北中南三大詩
社爲例，各自有印刷媒體支持，提供發表園地。〔註 51〕這些報紙主編又往往
在當時各地詩社佔有舉足輕重的地位，如謝雪漁、傅錫祺、連橫等，正是瀛
社、櫟社、南社的巨擘，吸引更多慕名而來的讀者、詩人加入漢詩陣容，提
升當時讀詩及習詩風氣。

　　台灣能讀書的知識階層，自幼多受過漢文教育，當新文學思潮湧入社會
時，多數舊文人仍專注古典詩文，藉以交際或吟詠抒懷。日本領台之初，除

〔註50〕謝崇耀：《日治時期臺北州漢詩文化空間之發展與研究》，頁85。
〔註51〕分析台灣漢文壇的生態：包括從武裝反殖民走向非武裝的歷程，以及詩社林
　　　　立促進日、台文人交流與文化組織的形成。以日治時期台灣最具代表性的三
　　　　大詩社而言，北部瀛社成員多數與日人保持良好關係，以總督府機關報《台
　　　　灣日日新報》爲刊載作品的主要媒介，在文壇上快速崛起並居領導地位；中
　　　　部櫟社以《台灣新聞》爲主，是日治較具台灣意識的詩社團體；南部南社則
　　　　以《台南新報》漢文欄爲園地，報刊登載的漢詩活動與其地緣性的聯繫相當
　　　　綿密，在全島性質、跨區域性質的詩會活動中，展現了「南方」的視角。

了積極推動國語（日文）教育，也有條件的准許書房義塾教導漢文，支持詩社成立，報章上的漢文壇提供台灣詩人一個能抒懷社交的管道。印刷媒體的普及不但開展出詩社林立的現象，也帶動詩社藝文活動的興盛，以及在報刊發表作品的寫作熱潮。以《台南新報》〔註52〕而言，其漢詩活動以「詩壇」欄的內容為多，有個人稿件的刊登，也有以詩社活動為名的詩作刊載，可知南部地區文學社團相當活躍。從目前可見的《台南新報》來觀察，大正10年（1921）5月至大正11年（1922）7月，詩壇活動幾乎完全以「南社」為主，至大正11年（1922）8月之後開始有其他詩社活動的出現，個人投稿詩作來源亦以南部區域為主。〔註53〕大正11年（1922）末起高雄、屏東地區文士也開始熱絡參與報刊，在昭和3年（1928）年《新聞總覽》中曾附錄「社員一覽表」，詳細說明了昭和2年（1927）以前的報社職務分工，包括鳳山林亮、屏東陳家駒都是當時報社分派島內各地的通信員，這些通訊員通常在所屬的地方有舉足輕重的地位，極深厚的文學素養，〔註54〕更增強了報刊的知名度及公信力。

　　大正13年（1924）後與漢詩有關的媒體已達30家以上，〔註55〕使得漢詩人及廣大的閱報族群都能在耳濡目染中接觸並了解漢詩作品及相關詩社動態，此時期台灣漢詩文化的訊息交流，因支援印刷媒體的建置完備，也給了許多新興詩社多元開展的空間與機會。不管是詩人雅集或是詩社聯吟，都能

〔註52〕《臺南新報》是1899年由日人富地近思所創，原名《臺澎日報》。1903年擴充資金後，始改名《臺南新報》，與《臺灣日日新報》、《臺灣新聞》並稱為日治時期臺灣三大官報。《臺南新報》內容包羅萬象，除官方的法令規章與各類新聞之外，還大量刊載宗教、民俗、音樂、戲曲、遊藝等活動，乃研究日治時期臺灣社會面貌與庶民生活最具價值的史料之一。……先後於臺北、臺中、嘉義、高雄、屏東、新竹、東京、大阪設立支局，頗具蓬勃氣象。1937年4月中日戰事將起，日本當局下令所有報刊停止漢文欄，《臺南新報》更名為《臺灣日報》。見〈台南新報復刻本〉，《政府出版品資訊網》，網址：http://open.nat.gov.tw/OpenFront/kids/gpnet_detail.jspx?gpn=1009801056，檢索日期：2014年8月8日。

〔註53〕李郁芬：《《台南新報》漢文欄之研究》，（台南：國立成功大學台灣文學研究所碩士論文，2011年），頁37。

〔註54〕李郁芬：《《台南新報》漢文欄之研究》，頁39。

〔註55〕1924年後能與漢詩文化空間配合的相關媒體達到前所未有的數量，除超過30家媒體與漢詩文化空間有不同程度的關連外，曾常態性扮演漢詩活動訊息接收與傳送之角色的媒體便至少有9家。見謝崇耀：《日治時期臺北州漢詩文化空間之發展與研究》，頁105～106。

陪襯並強化詩社結構，而印刷出版業所提供的媒體空間，則是配合宣傳，增加詩社、聯吟會的知名度，顯示日治漢詩文化的運作形式並非單向死板的封閉系統。昭和4年（1929）蕭乾源創立詩社，隔年便陸續在《台南新報》、《詩報》〔註 56〕及《南方》〔註 57〕發表數十篇詩作，可見他對印刷媒體的喜好及功能性絕不陌生。當時有許多詩社創辦雜誌，如桃園吟社發行的《詩報》為例，昭和 5 年（1930）以後全台詩社的運作、各地擊缽佳作的發表，幾乎全在其中，〔註 58〕不僅提供自家詩社社員刊稿，延續詩社活動力，也收納各地詩社訊息與投稿，聯繫各地詩友互通聲氣、交遊聯誼，利於全台詩社的發展與茁壯。

　　日治時期蓬勃發展的報刊傳媒帶動社會大眾閱讀及創作漢詩的風氣，報刊的發達使騷壇訊息傳遞更為便利，不僅提高詩社本身知名度，也大大提升仕紳文人的能見度，使得本島漢詩和詩社獲得更多發展空間，旗峰吟社就在那樣的社會氛圍中創立。日治漢文報刊中，《詩報》記載當時全台詩社活動概要、詩人和詩社的擊缽吟與騷壇消息等最為詳盡，是日治台灣詩社活動最重要的刊物。《詩報》創刊主旨揭示：

本報主旨

　　本島詩社林立，熱心詩學者亦多，因無專事發表機關，致吟稿泯詩不少，嘔盡心血不現於世，殊可惜也。茲本報即為此發端，本佐各項之意而刊，非為利刊也，望各界指導援助，共扶大雅之輪。
　　一、學校已廢漢文而書房亦不易設，故鼓舞島內漢文惟有各詩社吟會可以自由，本報即為此而為發表機關。

〔註56〕《詩報》為傳統詩半月刊，昭和 5 年（1930）10 月 30 日由《吟稿合刊詩報社》發行，目前所見的最末期 319 期發行於昭和 19 年（1944）9 月 5 日。《詩報》記錄詩作及詩社動態為主，並包括傳統散文、小說、燈謎等內容；透過《騷壇消息》可觀全島聯吟大會的概況及詩社動態；「各吟社作品輯錄」留下許多傳統詩歌；「全島詩社并代表者名錄」可知各地詩社的分布狀況及負責人；各詩社徵詩題目及內容，反映日治時代傳統文人的文學視角……；「各社社友錄」可知詩社的顧問、社長、副社長、幹事、贊助員、書記、社員名單等，是日治時代發行最久的文學刊物。參見翁聖峰：〈台灣文學與文化盛事——《詩報》覆刻序〉，《國文天地》22 卷 12 期，2007 年 5 月，頁 73。
〔註57〕《風月》第 1～44 號（1935.5.9～1936.2.8）、《風月報》第 45～132 期（1937.7.20～1941.6.15）、《南方》第 133～188 期（1941.7.1～1944.1.1）、《南方詩集》第 189～190 期（1944.2.25～1944.3.25）。
〔註58〕黃美娥：《古典臺灣：文學史、詩社、作家論》，頁 184。

二、求名儒碩學之稿刊之以爲後學之津梁。

三、集各吟社擊缽課題之詩選及各個人所咳唾之珠玉合刊紙上，交
換見識、互通聲氣。

四、登載各界中新學者所作詩文，以引誘其研讀漢文興趣。

五、指導者賴各顧問先生及諸鴻儒碩學，維持費賴諸贊助員先生及
有心公益諸志士之贊襄及購讀，編輯亦賴各地熱心漢學先生共
成。

六、每年領收支決算公開，絕不曖昧。〔註59〕

《詩報》自創刊以來，即以漢詩群爲主體，購閱與投稿陣容強於綜合文藝類的《南方》，尤其不少詩文重複出現二刊的狀況甚多（一稿數投），〔註60〕以蕭乾源而言，許多刊登於《詩報》的作品，內容稍有修改後也曾出現在《南方》及《台南新報》漢詩欄中。翁聖峰發現旗峰吟社刊在 1935 年 8 月《臺南新報》，與 1935 年 10 月刊在《詩報》的內容幾乎一致，惟少數用字或作者改用筆名的差異。旗峰吟社先刊在《臺南新報》應是日報傳遞速度快，能掌握時效，所以優先投稿《臺南新報》，惟《臺南新報》以臺灣南部爲重心，中北部讀者可能看不到，故再投稿全島規模最大的詩刊——《詩報》，讓全島傳統文人共同分享第一次女車掌擊缽作品。〔註61〕由此可見，各類報章媒體不僅介紹詩社訊息，也可刊登擊缽及徵詩內容，能讓各地文人認識旗峰吟社，媒體的影響力不容小覷。

〔註59〕《詩報》第 30 期，昭和 7 年（1932）2 月 24 日，頁 1。文中援引《詩報》內容，資料來源皆引自「日治時期期刊全文影像系統」圖文內容。爲精簡篇幅，以下提及《詩報》詩篇時，僅簡單列出報刊期號、出版日期及頁數。

〔註60〕楊永斌：〈從「風月」到「南方」──論析一份戰爭期的中文文藝雜誌〉，郭怡君、楊永彬編著，河原功監修：《風月・風月報・南方・南方詩集──總目錄、專論、著者索引》，頁 111。此外王文顏曾言：「黃衫客於民國三十年（1941）六月發表台灣詩人的毛病於風月報（後改名南方），謂時下舊詩人犯七大毛病：一、作者多於讀者，根柢薄弱。二、模仿古人，失卻天眞性靈。三、借用成語，不重創作。四、僞託他人之作，以造成兒女、門徒、情侶之名氣。五、僅仰詞宗鼻息，以邀膺選。六、無中生有，描寫景物，多出虛構。七、如同商人廣告，一詩連投數處。」王文顏：《臺灣詩社之研究》，政治大學中文所碩士論文，1979 年，頁 187～188。由此可見「一詩連投數處」乃當時報刊中常見之事。

〔註61〕翁聖峰：〈日治時期臺灣「女車掌」文學與文化書寫〉，《文史臺灣學報》第 1 期，2009 年，頁 196。

　　《詩報》熱心詩學，有意延續漢文一脈，從創刊起經歷中日戰爭爆發一直持續到日治末期爲止，當日政府陸續禁止其他報章的漢文欄時，《詩報》仍得以正常發行，應與其所刊載「各吟社擊鉢課題之詩選及各個人所咳唾之珠玉合刊紙上」之內容有極大的關係，日人刻意寬容詩人詩社的存在，除了提供台灣文人延續漢學抒發胸懷的空間，也藉此轉移本島知識分子的抗日意識。在《詩報》第 12 期的「報代領收報告」中曾記載「旗山 蕭乾源先生 一個年分之報代金皆已領收 謹此申謝」，〔註62〕當時《詩報》報代一部八錢，一個年分金爲壹圓八拾錢，可知蕭乾源有長期訂閱《詩報》習慣，除此之外，當期編輯室也刊載「旗峰吟社友范國清先生爲本報極力援力招募讀者不勝感謝之至」〔註63〕，亦是旗峰吟社重視《詩報》等報章傳媒的證據之一。

　　傳統詩社場域中，發布徵詩訊息後包括詩社、詞宗、收卷者、寄附獎品者或是優勝者等名單也會一併登出，透過報章媒體的傳播，無形中強化了部分詩會及士紳的名氣聲望。旗峰吟社成立翌年，《詩報》上關於詩社近況與擊鉢徵詩的訊息不斷，例如：

> 旗山街旗峰吟社五月一日午後七時開臨時擊鉢吟會社員一齊出席題「玩月」七絕先韻十時交卷得詩四十八首由郭韻琛蕭乾源左右詞宗各選十名乾源南山二氏獲左右元至夜闌各領贈品散去
>
> 全吟社前徵「尋春」「詩鏡」「旗峰」各詩已托洪鐵濤先生評選不日可能發表云云〔註64〕

> 旗峰吟社第一期徵詩〈尋春〉、詩鐘〈旗峰〉計共得壹千八拾六首，托洪鐵濤先生各選取參拾名……附第二期徵詩如左：詩題：〈苦熱〉體韻：七絕不限韻／期限：七月十五日止／贈品：十名內均有薄贈／詞宗：未定／交卷：旗山旗峰吟社事務所〔註65〕

這種近乎廣告手法的徵詩活動，大大提升徵詩數量，可見當時蕭乾源及社友們十分看重印刷媒體的傳播力，希望利用徵詩與登詩爭取報章曝光度，以吸引大眾注目。只是分析蕭乾源刊登報章的詩作，幾乎全是旗峰吟社擊鉢之作，

〔註62〕《詩報》第 12 期，昭和 6 年（1931）5 月 15 日，頁 16。
〔註63〕《詩報》第 12 期，昭和 6 年（1931）5 月 15 日，頁 16。
〔註64〕《詩報》第 12 期，昭和 6 年（1931）5 月 15 日，頁 16。
〔註65〕《詩報》第 15 期，昭和 6 年（1931）7 月 1 日，頁 8。

少見投稿其他詩社之作，因此知名度不若其他跨區域詩人。當時蕭乾源所參與的詩社以高屏地區為主，雖是在地著名詩人，但若非高雄當地文士或有緣相交者難知其名聲，因而易被時代忽略，實為可惜。

（三）應和風雅切磋詩文

清廷割台後，台灣北中南雖有義軍反抗，但隨著日人政權的擴張與確立，社會秩序已漸趨安定。在日人高壓及懷柔政策下，台人轉而以文化革新運動之路取代過去的武力鬥爭，此時台灣社會環境安定平和，開始恢復過往文風，具有娛樂性的文學活動才能夠推廣至全台，獲得各地仕紳文人、市井小民，甚至女校書（藝旦）等群眾迴響，使詩社得以繼續經營生存。

日人來台之初，藉吟詩酬唱、擊缽交驩來營造「內台融合」的假象，不僅總督及官員邀請台日詩人吟詩同樂，並有唱和集問世，甚或舉辦全島詩人大會以攏絡鄉紳文士，不少詩人在報章上和韻應酬，擊缽競詩，蔚成一片風氣。社會主流族群透過漢詩創作與分享結識成盟，展現事業外的風流韻雅，不僅成就自身文化高度，又能使所屬文化廣泛深入大眾生活中，帶動民眾對漢詩的認同與投入。昭和 15 年（1940）《詩報》曾於「藝苑消息」中刊登〈台灣詩人名鑑發刊趣意書〉，對當時詩社激增之因略作說明：

> 詩言志也。而詩風之淳厚。於臺瀛當以聖代為盛矣。自十數年來。
> 島內諸老。嘆斯道之莫振。有詩社之創立。風雅唱和。相沿成習。
> 各地慕風而起。是以詩社林立。競相切磋。不數年間、文風大振。
> 詞人墨客、何止三千。而詩學一途。已冠絕於藝林。豈偶然哉。

〔註66〕

日治初期島內遺老嘆詩道不振，故有志創立詩社，而後文人雅士「風雅唱和」，各地文士亦附庸風雅，學詩吟詠，競相切磋，一時詩社林立，文風大盛。詩社活動的盛行反映出文學社會現象，參加詩會或徵詩，是社交活動也是個人知識水平與文化涵養的展現。傳統詩人除了藉漢詩創作言志抒懷外，也以傳承漢學文化的使命感為動機，熱衷應和風雅與切磋詩文之集會，將漢詩視為凝聚身分認同的另類符碼。蕭乾源一方面是事業有成的實業家，一方面崇尚士大夫閒雅自適的精神，詩酒交酬逐漸成為新社會領導階層所追求的生活方式。

〔註66〕《詩報》第 221 期，昭和 15 年（1940）4 月 6 日，頁 1。

　　談到日治臺灣社會領導階級支持漢詩活動的原因：包含彰顯傳統詩教精神，以及呼應閒雅適性文化，〔註67〕其中擊缽吟唱，更是應和閒雅適性文化的重要活動。謝崇耀認為：

> 臺灣在1890年以前的第一次擊缽風潮時，就很明顯透露出漢詩活動是一種具有階級性與反映上層社會對生活趣味之追求的意涵。日治臺灣新社會領導階級由於多是自仕紳階層過渡而來，故除了對文化資本繼承的重視，也同時繼承了此套中國仕紳階級所發展出的閒雅文化生活方式。仕紳的閒雅文化往往也擴及都市的各角落，尤其是酒肆、名勝，或是都市之外的山林之中。……由於資產階級已不純粹來自仕紳階級，受到商業文化更偏重感官娛樂的影響，日後漢詩文化空間衍生出耽溺功利實用的享樂主義，正是源於此。〔註68〕

「擊缽」原是詩人間的雅興，是切磋詩藝的聚會，當時詩人經常藉由聚會吟詠美景，交遊酬唱，反應參與者一種追求閒雅文化的普遍心態。投入漢詩創作，就個人而言，能透過書寫創作與集體活動來提昇心靈、開拓視野，也能結交同好，達到社交需求的滿足，最終藉此尋找生命的價值與定位；就社會層面而言，每個時代都有必須面對的政治現實，參與詩社的成員廣泛，許多人寄望能得到當局支持，使得漢詩與徵詩活動開始變形成為一種工具，不論是社交應酬、消遣抒懷、悼念離別、婚喪喜慶、文化傳承、宣揚皇民思想等目的都可作為籌開詩會的原因。雖然漢詩通俗化是社會發展的常態，一旦詩人自身涵養不足，大量徵詩、酬唱、和韻等作品的出現，勢必降低詩詞本身的藝術及文學性，成為漢詩發展的隱憂。

　　人們熱中擊缽活動的動機不一，有人想學寫詩，有人想爭賞品，或想集結勢力，素質良莠不齊，吟詩寫作的社交功能勝過文學內涵，開始扭曲詩作的純粹性，引來強力抨擊，包括張我軍諷言盛行台灣的擊缽吟為「偽文學」，陳逢源視詩社之害等同於「鴉片窟」，認為拿詩來應酬頌揚，明顯喪失先賢的遺民風格。以當時詩人結構與時代背景看來，「擊缽」雖被指為雕蟲小技，非真詩人之吟詠，但就「社會交際」面向出發，擊缽詩作實為詩人入世之道。以旗峰吟社而言，成立之初本非遺民意識的延續，純粹是鄉里的一群文人雅士，因崇尚古典詩文而結社吟詠，是一個重視社交娛樂的文學性社團。

〔註67〕謝崇耀：《日治時期臺北州漢詩文化空間之發展與研究》，頁59～63。
〔註68〕謝崇耀：《日治時期臺北州漢詩文化空間之發展與研究》，頁61～62。

　　地方人士參與詩社，一方面可以學習漢詩，一方面也能滿足參與者的差異心理，強化詩友對詩社與吟會的依賴度與需求度。不論是入世層面的酬唱交際，或是出世避俗的閒適抒懷，漢詩都是日治時期社會領導階級認同的一種文化符號，因此許多詩人在擊缽詩會中，同時展現出入世及出世情懷，他們在意世俗生計問題與人際網絡，一旦創作時往往也會衍生出「避俗」心態，因此發展出閒雅適性的文化涵養，能使同時具有社交與遣懷功能的擊缽活動更為盛行，更成為日治閒雅文化的重要特色。當時民間盛行漢詩創作，寫詩是種休閒或生活的寄託，吟詠奪元為生活樂事之一，詩社活動成為附庸風雅的社交集會，也是逢場作戲的娛樂場所，若從文學批評中的「規範取向」來看〔註 69〕，這類無益的遊戲、有閒階級的消遣，對社會有不良影響，許多攀附權貴、沉迷酒色、失格酬唱等負面印象重創傳統漢詩人形象，使得蕭乾源這群擅長「擊缽」，重視傳統詩教精神，單純呼應閒雅適性文化的舊詩人被人忽視。事實上，詩可「興觀群怨」古今皆然，社員投入詩社的動機不一，詩人為何吟詩抒懷，都當深入探究其生長背景與作品意涵，方可公允評之，不應一言以蔽之。

　　當日本人以懷柔手段軟化本島人的反抗意識，逐漸發展出應和閒雅適性文化的寫詩風氣，提供彼此「各取所需」的空間，不但促使詩社林立，也讓漢詩創作走向庶民化、庸俗化，成為全民的文藝活動。以蕭乾源為例，其書寫主題也包含贈與藝妓、愛戀美人、祝壽弔念等詩作，一方面認同日治時期漢詩文化中的世俗性及便利性，同時也兼顧個人內在情感的寄託，以自己的方式傳承漢詩文化，引領更多詩友共同參與。當時參與旗峰吟社的詩友來自市街上不同行業，寫詩態度更是兼容並蓄，就算擊缽聚會時出現藝妓相伴或其他餘興節目也無傷大雅，只要能把持住漢詩內在基本價值，避免出現放浪

〔註 69〕　文學批評中所謂的「規範取向的批評」，根據姚一葦：「孔子云：『詩可以興，可以觀，可以羣，可以怨，邇之事父，遠之事君，多識於鳥獸草木之名。』在此孔子確立了詩的目的，肯定了詩的用途；它的目的乃有益於社會規範或世道人心，它的用途乃事父、事君的倫理的、政治的用途。因此詩是從屬於社會規範的一種『教』。這便成為儒家最基本的藝術觀和批評觀。」龔鵬程：「文學如果能夠陶冶人心、教訓社會、發揮經世濟民、風上化下的功能，對現實社會狀況有所反應與批評，則文學本身便常被視為是道德的，或是具有道德功用的。如果，文學本身在內容及其傳達的意義上具有洗滌情緒、提升人性，或包括道德教訓等性質，則它也常被看成是含有道德意義的。」詳見周慶華：《臺灣當代文學理論》（台北市：揚智文化，1996 年），頁 202～204。

形骸或媚俗逢迎的舉措，就能兼顧詩人文化傳承與休閒娛樂之雙重心理。本論文不以應制酬唱風氣判定詩人的民族忠貞程度，而是藉此看出在日人籠絡政策下，文人雅士應和風雅切磋詩文，使得擊鉢風氣興盛，促使更多地方詩社應運而生。

第二節　旗峰吟社的設立與活動概況

從日治到戰後，旗峰吟社已成立 86 年（1929～2015），從昭和 4 年（1929）蕭乾源等人創社，歷經戰亂，民國 41 年（1952）重振旗鼓，一度社運興盛，然因民國 73 年（1984）蕭乾源逝世，詩社隨之沉寂，幸而民國 83 年（1994）後，有愛好詩學者積極復社，堅持至今，成為旗美地區重要的傳統詩社團。

一、旗峰吟社的設立

日治時期創立於高雄州的旗峰吟社，十分重視傳統詩學，不僅熱心傳授詩藝，更積極參與並主辦各項活動，開展出旗美地區的漢詩空間，對地方的文史傳承有著不可磨滅的功勞。以下概述旗峰吟社設立年代、目的及社務及社員內容：

（一）設立年代與目的

昭和初期旗山市街改建陸續完工，仿造巴洛克式二層大樓接連落成，旗山街景觀煥然一新，家家戶戶燈火通明，娛樂場所酒家林立，笙歌達旦，整個市街百業興盛，旗峰吟社就在這樣的社會氛圍中創立。有關旗峰吟社成立年代，目前出現昭和 4 年、昭和 5 年以及昭和 6 年三種時間，說法包括：

表 2-2　旗峰吟社成立年代整理表

成立年代	說　　明	資料來源
昭和 4 年（1929 年）	旗峰吟社：民國十八年，旗山鎮蕭乾源，邀集地方人士，創立旗峰吟社。二十四年，與美濃諸吟友會於廣善堂，設立旗美聯吟會。	王文顏：《台灣詩社之研究》，頁 83。
	昭和四年成立旗峰吟社	江明樹：《蕉城風雨》1997 年 3 月 1 日出版
	高雄旗山之「旗峰吟社」創立於昭和四年（1929）二月，由蕭乾源任社長，每週課題一次，月例會二次。	黃文車：《黃石輝研究》，頁 29。

	「旗峰吟社」由蕭乾源創於昭和四年（1929），當時社員僅社長、黃光軍、范國清、蕭有國、游讚芳、陳三木六人……每週課題一次，月例會兩次，後社員漸增，十九年庚午四月，舉行高雄州下聯吟會於旗山，至者六十餘人。	邱春美：《六堆客家古典文學研究》，頁24～25。
	旗峰吟社創立於昭和四年農曆二月初一	曾景釧：〈旗峰詩社大事記〉
	民國42年（1953），舉辦旗峰吟社創立二十四週年紀念會。以時間推論，成立日期爲昭和4年（1929）。	
	1929年成立旗峰吟社	曾景釧：《溪山嘯詠集》
昭和5年（1930年）	蕭乾源詩才早慧，19歲（西元1930年）即邀集劉順安、簡義、游讚芳等人成立「旗峰詩社」榮任社長，終其一生推廣古典詩學。	網頁：旗山奇——人文——蕭乾源
昭和6年（1931年）	1912年生，他一手成立的旗峰詩社，我換算日期，他纔十九歲……。	江明樹：〈旗峰詩社的扛鼎詩人——蕭乾源〉
	昭和六年杏月旗峰吟社創立紀念合影	照片（圖2-1）
	《詩報》介紹各吟社近況：「該社山旗山街青年同志組織於昭和辛未年花月。」	《詩報》第12期，昭和6年（1931）5月15日，頁1。
	創辦時間：昭和六年（1931）	網頁：全臺詩——台灣詩社資料庫——旗峰吟社
	創辦時間：昭和六年（1931）	賴子清：〈古今台灣詩文社（一）〉，《臺灣文獻》10卷1期，1959年，頁103。

旗峰吟社成立年爲昭和4年（1929）？或是昭和6年（1931）？根據前任社長曾景釧說法，昭和5年（1930）庚午4月，旗峰吟社曾於旗山舉行高雄州下聯吟會，筆者整理《資生吟草》時也發現，庚午年間（1930）蕭乾源留下多篇詩作，其中〈筆刀〉一詩，寫於昭和5年（1930），序文註明「庚午歡迎石儷玉女士小集」，同一詩作也刊登於昭和6年（1931）8月15日第18號《詩報》：「旗峰吟社擊鉢錄：七月廿二日歡近臺南香芸吟社石儷玉女士」。同樣情況也出現在昭和7年（1932）2月24日，第30號《詩報》收錄「旗峰吟社擊鉢錄〈春日登山〉」四首，其中三首爲《資生吟草》庚午年（1930）作品，由此推測庚午年（1930）前詩社應已成立，可能因創社初期社員僅社長、

黃光軍、范國清、蔡有國、游讚芳、陳三木六人，尚未廣爲人知，後來社員逐漸增加，詩社組織才日趨完整。

昭和 6 年（1931）2 月《詩報》曾報導旗峰吟社概況：

該社山旗山街青年同志組織於昭和辛未年花月專研究詩文爲目的每月徵詩每週間開擊鉢吟會每夜切磋講義事務所置全街協記商店樓上

社　　　長　黃永好詠鶴

庶務幹事　蔡有國遊谷、陳三木鴻飛

財務幹事　蕭乾源雲津

外務幹事　范國清克仁

社　　　員　吳昆政心機、劉進丁書燈、葉貞觀靜觀

特別社員　吳直哉、黃南山、郭韻琛、陳蓮友、李作藩〔註70〕

報刊記載社長爲黃永好（詠鶴），蕭乾源任財務幹事，與一般熟知蕭乾源創社並任社長之印象有所出入。昭和 6 年（1931） 7 月 15 日蕭乾源曾刊登〈寄懷黃詠鶴硯兄〉：

秋水伊人眼欲穿，文旌何日可言旋。高雄遙望空惆悵，別後銀蟾兩度圓。〔註71〕

根據《詩報》說法：昭和 6 年（1931） 2 月成立旗峰吟社，5 月刊登社訊介紹，7 月時蕭雲津寫詩寄懷友情，文中由「銀蟾兩度圓」得知與黃詠鶴已兩個月未見，兩個月前社訊明載社長爲黃永好（詠鶴），加上「望眼欲穿」、「高雄遙望空惆悵」等離恨情境，推測昭和 6 年（1931）2 月至 5 月期間，黃永好（詠鶴）曾任旗峰吟社社長，5 月後因負笈鷺江離開旗山，無法繼續擔任社長，故由財務幹事蕭乾源接任社長。

旗峰吟社成立之初屬於地方性詩社，因當時《詩報》尚未開辦，僅部分南部詩人知曉，直到昭和 5 年（1930）10 月 30 日《詩報》發行，開始透過報章傳播提升各地詩社能見度後，旗峰吟社才漸爲人知。以《詩報》第 15 期爲例：「旗峰吟社第一期徵詩〈尋春〉、詩鐘〈旗峰〉計共得壹千八拾六首……」〔註72〕此時詩社徵詩不再局限高雄州，包含中北部如中壢、苑裡、台中等皆有人投稿，稿件甚至破千首，詩社知名度漸開。根據曾景釗編輯的「旗峰詩

〔註70〕《詩報》第 12 期，昭和 6 年（1931）5 月 15 日，頁 1。

〔註71〕《詩報》第 16 期，昭和 6 年（1931）7 月 15 日，頁 4。

〔註72〕《詩報》第 15 期，昭和 6 年（1931）7 月 1 日，頁 8。

社大事記」〔註73〕所言，旗峰吟社創立於昭和 4 年（1929）農曆二月初一，由蕭乾源倡議黃光軍、范國清、蔡有國、陳三木、游讚芳等六人立社，蕭乾源擔任社長，〔註74〕相較之下，昭和 6 年（1931）《詩報》介紹旗峰吟社的社況時，主要成員已達 13 人以上，足見社務應已發展一段時間，且根據照片 2-1「旗峰吟社創立貳拾四週年紀念癸巳重陽雅集」推算，癸巳爲民國 42 年（1953），回溯 24 年前，詩社成立日期也應是昭和 4 年（1929）。

筆者根據上述文獻資料，推論旗峰吟社成立於昭和 4 年（1929）爲正確說法，只是回推昭和 4 年（1929），詩人年僅 16 歲，是否有能力號召同好成立詩社？另外照片 2-2 爲何寫明詩社創立於「昭和六年杏月」（辛未年花月）？以上兩點疑慮，筆者尚未找到更有利的證據說明，有待後續研究補足。

照片 2-1　旗峰吟社創立貳拾四週年紀念癸巳重陽雅集
照片來源：《旗峰鐘韻擊缽詩集》，前排：左一柳傳、左二黃來成、左三朱鼎豫、左四游讚芳、右一張琴龍、右四李彬；後排：左一顏是、左二蕭榮宗（蕭乾源子）、左三黃承系、左四簡義、右一劉福麟、右二蕭乾源、右三劉順安、右四林桂芳〔註75〕

〔註73〕　〈旗峰詩社〉，《旗山奇》，網址：〈http://www.chi-san-chi.com.tw/2culture/index.htm〉，檢索日期：2014 年 8 月 31 日。
〔註74〕　旗山奇網站中，旗峰詩社大事年表記載：「蕭乾源倡議黃光軍、范國清、蔡有國（網頁資料誤植爲蕭有國）、陳沐（疑將「三木」誤植爲「沐」）、游讚芳等六人立社由蕭乾源任社長。」經報紙人名比對及調查詢問，立社六人應爲：蕭乾源、黃光軍、范國清、蔡有國、陳三木、游讚芳。
〔註75〕　照片 2-1 中的人物爲筆者至旗山乾元藥局田調時，由蕭振中先生協助辨認詩社長輩。

照片 2-2　昭和六年（1931）杏月旗峰吟社創立紀念合影
照片來源：《旗峰鐘韻擊缽詩集》，照片前排右二為蕭乾源

　　黃美娥探究日治時代台灣詩社林立之因時，曾指出台人入社吟詠的潛在
意識包括：耽溺詩歌以自遣、維繫漢文於一線、風雅唱和切磋詩文、抬高身
分博取美名以及溝通聲息敦睦情誼等。〔註76〕其中旗峰吟社設置之因，便著
重在「風雅唱和切磋詩文」一類。黃美娥提到：

> 在當時刊登藝苑消息頗多之《詩報》，便載有若干詩社創社之情形，
> 如「竹林吟社」，……又若「旗峰吟社」，「該社山旗山街青年同志組
> 織於昭和辛未年花月，專研究詩文為目的，每月徵詩，每週間開擊
> 缽吟會，每夜切磋講義……」；再如「萍聚吟社」……。足證當時許
> 多詩社之成立，係以研究漢學之寫作，便於相互觀摩切磋而設置之
> 組織，尤其後生學子為主要成員之詩社，更是基於此項原因而設。
> 〔註77〕

當時文人藉由詩社組織風雅酬唱，以詩會友，一方面切磋詩文，敦睦情誼，
另一方面藉由詩會結交，彼此有志一同，作詩風氣自然更加盛行。蕭乾源非
前清遺儒，而是接受日人新式教育又習得漢詩技巧的讀書人，身為社會領導
階級，在經濟穩定後更會開始注重內在學養，用心經營生活美學，詩文創作
便是方式之一。

〔註76〕參見黃美娥：《古典臺灣：文學史、詩社、作家論》，頁215～220。
〔註77〕黃美娥：《古典臺灣：文學史、詩社、作家論》，頁218。

　　旗峰吟社成立的目的在研究漢文韻學、傳授古典詩學、切磋社員詩藝，並廣募社員，帶動旗山一帶的地方詩學，使地方文教風氣日興。昭和6年（1931）旗峰吟社舉辦擊鉢吟會，詩友陳遵友曾寫〈祝旗錚吟社〉祝賀：

　　　　萍水相知結靜緣，躬逢盛會接群賢。旗峰擊鉢開今夜，喜看珠璣滿

　　　　錦箋。〔註78〕

期間詩友黃南山也疊詩相賀：

　　　　締成翰墨好因緣，獨占鰲頭仰大賢。刻鵠自慚羞大雅，葫蘆依樣寫

　　　　吟箋。〔註79〕

此外，詩人陳龍吟旅居旗山時也曾作詩〈呈旗峰吟社諸先生〉：

　　　　因緣翰墨契知音，文字交情海樣深。一室芝蘭多異味，滿堂瑞靄鬥

　　　　春陰。

　　　　酒逢醉裏稱中聖，詩到酣時足浪吟。安得此身無事掛，消閒日月鼓

　　　　峯臨〔註80〕

可見昭和6年（1931）開始，旗峰吟社漸為人知，不僅多次於報章徵詩，也邀請各地群賢參加擊鉢吟會，詩友間應和唱遊頻繁，詩風鼎盛。

　　自日本政府逐步限制漢文教育以來，詩社開始取代傳統書房的社學功能，許多詩社為了延續漢文化、研討詩文而創設，並非受到殖民政府鼓舞或為奉承官方而成立。旗峰吟社實屬文學性社團，尤其當日治後期，政府與民眾都不再熱衷漢詩活動時，蕭乾源等人仍苦心經營詩社，其目的不只為了振興逐漸衰頹的漢文教育，也是詩人對傳統文化的認同與喜好。旗峰吟社創立目的不在揭榜功名的刺激與榮耀，也無借詩成名的功利想法，而是重視風雅唱和，與詩友相互切磋詩藝，單純的「以文會友」也是旗峰吟社能夠跨越日治存留至今的重要因素。只是戰後傳統詩社雖曾有短暫的熱絡景象，不過受到新文學影響，文言使用已逐漸邊緣化，且因傳統擊鉢吟詩、詩鐘等作詩型態大受抨擊，再加上耆宿詞長相繼辭世，後生晚輩又分飛外地，傳統漢詩快

〔註78〕報紙原文為「祝旗錚吟社」，應為旗峰吟社。《詩報》第19期，昭和6年（1931）9月1日，頁4。

〔註79〕黃南山：〈疊遵友先生祝旗峰吟社開會瑤韻〉，《詩報》第19期，昭和6年（1931）9月1日，頁4。

〔註80〕同一首詩也刊載於《詩報》第31號（1932.3.15年），以及1932年《台灣警察時報》第45號，懸賞文藝·漢詩欄，229頁，三篇詩作同名只是有部分文詞不同，本文選成詩時間最早之作。

速式微，各地詩社大多陸續解散或是社務停擺，若無有心之士堅持，實難長久經營。

（二）社務及社員概述

昭和 4 年（1929）2 月旗山街青年同志組織旗峰吟社，成立初期每週課題一次，月例會兩次，社員漸增。昭和 5 年（1930）庚午 4 月，還曾於旗山舉行高雄州下聯吟會，只是昭和 6 年（1931）後至昭和 10 年（1935）間社友星散，詩社活動沉寂〔註81〕，直至昭和 10 年（1935），黃石輝、劉順安、王良珪、魏錦標外數名加入，隨著新成員的加入，地方詩風再起。

旗峰吟社社務部分包括：每夜切磋講義、每週間開擊鉢吟會、每月徵詩、課題等〔註82〕，另有臨時擊鉢吟會，例如第 12 號《詩報》報導「旗山街旗峰吟社開臨時擊鉢吟會」，或是歡迎文人所辦的擊鉢吟，如第 14 號《詩報》刊登旗峰吟社「歡迎葉榮春先生」擊鉢錄等等，皆可見具體的社務運作，只是社規不甚明確。王玉輝提到：「日據時期高雄市並未產生如瀛社、櫟社和南社等組織嚴謹的大型詩社，原因在於本市詩社的經營，往往缺乏強有力的中心人物或制度的組織章程規範，以致社務運作無法長久。」〔註83〕橫跨日治與戰後的旗峰吟社同樣因缺乏嚴謹的組織章程規範，加上參與者漸少，寫作族群日益固定，即便有新世代加入發表，但由於詩人本身號召力不足，使得社運多次因人事問題而興起或沉寂，難以持久發展。

旗山區內保留許多日治時期興建的大厝，其中以莊厝、洪厝、吳厝與蕭厝最具代表性，合稱「旗山四大厝」。蕭厝為旗峰詩社社長蕭乾源住家，建築揉合西洋式洋樓與台式樓房特色，建築年代略早於中山路的仿巴洛克式街

〔註81〕根據表 2-3、表 2-4，1930〜1931 年間旗峰吟社表現活躍，不久後卻有中斷情況，直到 1935 年新社員加入後，詩風再興。雖然 1932 年《詩報》曾刊登〈春日登山〉，但此詩實為 1930 年的作品，事隔 2 年再投稿，更可見 1931 至昭和 1935 年間，詩社活動一度沉寂。

〔註82〕「擊鉢吟詩」與「課題詩」、「公開徵詩」的差別，其一是舉行方式與寫作時間長短的不同：擊鉢吟詩必須共同集會，在短時間限時交卷；課題詩和徵詩則是應徵者各自在家創作後寄交，通常有較長的創作時間。其二，擊鉢詩多半是限題、限體、限韻。課題詩、徵詩雖限題，卻未必限體、限韻，給創作者較大的自由。廖振富：《櫟社研究新論》（台北市：國立編譯館，2006 年 3 月），頁 130。

〔註83〕王玉輝：《日據時期高雄市詩社和詩人之研究——以旗津吟社為例》（高雄：國立中山大學中文所碩士論文，2003 年），頁 5。

屋，特別注重山頭與山牆的裝飾，山頭正面是鮑魚塑花，立面屬於台灣早期的牌樓，各個窗戶的造成充滿洋式風格，鑲有當時流行且高貴的磁磚。二樓內縮，前留空間作為露天陽台，護欄由琉璃窗及琉璃瓶圍砌而成，有荷蘭及清代之風味，整棟樓宇由白、紅、綠三色搭配而成，典雅大方。門面約為一般商家的兩倍大，樓下是四點金式的圓柱承載著，所以稱其為綜合式的洋樓。〔註84〕日治時期蕭厝是旗峰吟社集會活動場所，根據第12期《詩報》所言：該社「每週間開擊鉢吟會每夜切磋講義事務所置全街協記商店樓上」，可知「旗峰吟社事務所」置於旗山街「協記商店」樓上，比對早期蕭厝相片，正門樓排上嵌有「協記」二字，根據《大高雄風土誌》記載：

> 蕭厝約建於西元1920年，由當時名人蕭水連先生所興建。日據時，蕭乾源先生曾在此創辦旗峰詩社，帶動當地文藝風氣。蕭宅外觀典雅大方，門面比一般店家大兩倍。樓頂山牆飾有鮑魚塑花，門窗都鑲有磁磚與造型裝飾。二樓的洋台護欄，用琉璃窗、瓶圍砌而成。樓下是由四點金式的圓柱承載，兼有清代與荷蘭的建築風格，成為一綜合式的洋樓，在旗山大厝建築中，別具一格。〔註85〕

一般而言，台灣傳統詩社經常利用區域性公共空間進行詩會集會，之後慢慢發展出跨地域整合性的詩社聯吟活動，其活動場所包括：地方廟宇、私塾、個人林園、社員住宅、書院等。旗峰吟社曾在旗山白鶴寺雅集，平日則在旗山街上蕭家祖厝二樓聚會切磋，蕭振中先生表示：光復後阿公（蕭乾源）很常出去參加對外或在地詩會比賽，自己也曾多次舉辦，早期詩友很常聚會，都在蕭家樓樓上，因為阿媽（蕭陳牡丹）很會料理煮食，一群人經常在住家二樓一起吃飯唱詩。〔註86〕可惜蕭厝已在民國94年（2005）2月1日被拆除，後代只能藉由照片詩作憑弔之。

〔註84〕陸宇潔：〈旗山，日式南洋臺式風貌並存〉，《中華日報》，2001年12月11日，第10版，資料來源：〈臺灣資料剪報系統〉，《國立台灣圖書館》，網址：〈http://stfj.ntl.edu.tw/〉，檢索日期：2014年8月8日。

〔註85〕黃福鎮：《大高雄風土誌──第一輯古老的建築》，頁60。另一說，曾中宜：「詩人蕭乾源故居興建於1916年前後」。見曾中宜〈旗山大事記補充〉，《旗山奇》，網址：http://www.chi-san-chi-san-chi.com.tw/2culture/index.htm，檢索日期：2015年4月12日。

〔註86〕口述資料為筆者於2015年5月10日，至旗山東新街乾元藥局專訪蕭振中先生所得。

照片 2-3　旗山五保「蕭家樓」
資料來源：《旗山奇》網站

照片 2-4　旗峰詩社社友於蕭家樓雅集吟宴後合影留念
資料來源：《旗峰鐘韻擊缽詩集》

　　旗峰吟（詩）社歷任社長包括蕭乾源、黃永好、曾景釗、曾俊源，前期社員：蕭乾源、黃光軍、范國清、蔡有國、游讚芳、陳三木、吳昆政、劉進丁、葉貞觀、黃石輝、劉順安、阮文仁、王良珪、魏錦標、朱阿華、劉慶雲、陳月樵、簡義、黃來成、柳傳、顏公祝、張清景、李常、李彬、林桂芳、劉福麟、李國琳、黃承系、林逢琴等人。後期社員則有：曾景釗、劉福雙、曾茂源、黃澤祥、蕭振中、徐麗山、陳育芬、林佑民、陳樂嘉、蘇榕、曾景崧、張丁興、王安正等人。

　　昭和 4 年（1929）蕭乾源成立「旗峰吟社」，此後各類訊息皆以「旗峰吟社」稱之，民國 46 年（1957）改爲「旗峰詩文研究會」，民國 47 年（1958）再改爲「旗峰詩社」，名稱沿用至今。民國 73 年（1984）蕭乾源去世後，詩社幾乎解體，直到民國 83 年（1994），曾景釗、蕭振中等人以「旗峰詩社」之名復社。論文中所言的前、後前詩人原則上是以民國 83 年重新復社爲界，前期詩人主要限定於昭和 4 年（1929）至民國 82 年（1993），後期詩人則從民國 83 年（1994）迄今爲止。

二、旗峰吟社的活動概況

（一）日治階段

　　旗峰吟社成立於昭和 4 年（1929），昭和 5 年（1930）四月便在旗山大字舉行高雄州下聯吟會〔註 87〕，召集南部詩人齊聚一堂擊鉢聯吟，與會者計有六十餘人，之後因社員四散，詩社人數減少，集會活動逐漸沉寂。昭和 7 年（1932）台灣話文論戰與鄉土文學代表，也是屏東礪社社員的黃石輝前往旗山工作，當時蕭乾源託人邀請黃石輝至詩社講授作詩之法，但因講課時間爲晚上，黃石輝又疾病纏身，無法長期勝任，只好暫時允諾一星期上一次課。〔註88〕直到昭和 10 年（1935）黃石輝舉家遷居高雄旗山，與劉順安、王良珪、魏錦標等人陸續加入旗峰吟社，才壯大詩社陣容，重振地方吟詠風氣，同年八月與龍崗（龍肚）廩生朱阿華等詩友結盟，於美濃廣善堂〔註 89〕輪流舉辦聯

〔註87〕 王玉輝：到了昭和六年（民國二十年，1931），高雄州內已呈詩社林立的現象，是以高雄州內各詩社援引三友吟會聯絡情誼、以通聲氣之旨，成立高雄州下聯吟會。……該會與三友吟會和四美吟會相同，係一跨縣市地區性定期的聯吟組織，旨在切磋詩藝。見王玉輝：《日據時期高雄市詩社和詩人之研究——以旗津吟社爲例》，頁 95。然而根據江寶釵、謝崇耀說法：1928 年高雄州爲舉辦大會，也因此而有鼓山、旗津、苓洲等吟社組成「高雄州聯吟會」紀錄。江寶釵、謝崇耀：〈從日治時期「全島詩人大會」論臺灣詩社的轉型及其時代意義〉，《中正漢學研究》第一期（總第二十一期），2013 年 6 月，頁 346。再根據「旗峰吟社大事記」內容推論，民國 19 年（1930）詩社曾於旗山舉辦「高雄州下聯吟會」，故其成立時間應早於昭和 6 年（1931）。

〔註88〕 黃文車：《黃石輝研究》，頁 29。

〔註89〕 己卯年（1879）春，一生行善的古阿珍先生，自萬巒廣善堂分得香火在家奉祀三聖（文昌帝君、關聖帝君、孚佑帝君）香案。至丁巳（1917）之梅月，誠尋壇所，得於雙峯山之麓，此處山光水色俱佳，即擇吉日以建築，歷六月、至戊午冬而堂成，號廣善堂。見鍾壬壽主編，徐傍興編輯發起人：《六堆客家

吟會，每週課題一次，稱為「旗美聯吟會」，兩地詩人互動日漸頻繁，詩風興盛。中日戰爭（1937）後，因受到皇民化與廢漢文等政治力干涉，全台漢詩活動面臨中央沉寂，地方各自為政的狀態，傳統詩社不論在組織、成員、活動規模與發展上，都呈現出停滯或退縮的虛弱狀態。從《詩報》的集會記錄、《資生吟草》的詩作序文，以及曾景釗編製的「旗峰吟社大事年表」中，清楚可見光復前的旗峰吟社重要資料皆集中在昭和 4 至 6 年（1929 年創社），與昭和 10 年至 11 年間（1935 年成立旗美聯吟社），其後受到戰爭影響，物資匱乏百業蕭條，旗山街經濟遭受打擊，社會吟詩熱度不再，詩社參與人數減少，社務一度停擺。

　　昭和 16 年（1941） 由美濃的客家人朱阿華與旗山的閩南人黃石輝兩人共同創立「旗美吟社」，於美濃廣善堂吟詩酬唱，進一步拉攏旗美兩地詩人交換詩作，互相觀摩品評，引為旗美兩地佳話。值得一提的是，日治時期臺灣各地鸞堂〔註 90〕多為具有傳統漢學根底的地方儒士所倡立，鸞堂的發展帶動了祭孔、宣講、詩社等活動，不僅提供信眾祈福，也是宣揚儒教、提倡漢文的文化場所。張二文說到：

> 台灣鸞堂最興盛的時期是日治時代的後期。今天最主要的鸞堂大都出現在這個時期。日治後期，台灣的漢人社會產生了一股保存漢文的風氣。日人治台的基本方針就是要斬斷台灣漢人的中國文化根基，讓台灣的漢人同化於日本現代文化之中。於是在施政上處處壓制漢文化。在學校教育中不准教漢文，以讓小孩子不識漢文為手段，

鄉土誌》（常青出版社，1999 年 8 月），頁 335。

〔註90〕日治初期，由「臺灣慣習研究會」所發行的《臺灣慣習記事》中，依據其實際的調查而稱：鸞堂乃是一種學者的降乩迷信。他們對鸞堂主事者的身份，多為信奉儒家思想的地方士紳文人已有清楚的認識。這也使得該研究會的總幹事伊能嘉矩得以在其名著《臺灣文化志》中記載：淡水行忠堂是由士紳一派所組成的結社，其堂內戒律十分嚴格。又至 1925 年（昭和元年）增田福太郎在親自訪問過宜蘭勉民堂、木柵指南宮後，在其著作《臺灣本島人的宗教》一書中，反對丸井圭治郎對鸞堂的分類，而認為鸞堂乃盛行於儒流好學之士的結社，並逕稱之為「儒教」。日人以「儒教」來稱謂鸞堂可說相當準確的把握住其特質性，這可以從鸞堂大多為雅好儒家思想的士紳文人所創立看出，而許多鸞堂甚至就是士紳原來的書房。事實上，鸞堂的主事者也多自視為儒教中人，所行亦是依儒教之義理而為。張二文：《高雄縣客家地區鸞堂與鸞書文學意涵之研究——以美濃廣善堂的發展為例》（台北市：行政院客家委員會客家學術研究，2006 年），頁 18。

達成同化的目的。可是漢文是台灣漢人日常生活必須要具備的生活工具，一般人做生意、記帳、寫信、訂約等等都是使用漢文，學校不能教授漢文，就只有私下教授，寺廟的後殿就成了教授漢文的場所。再加上日本警察要取締，主事者就讓純粹的教育活動披上宗教的外衣，藉神明降壇寫訓，而教化一般平民百姓。也就規避了日本警察的取締。因此，鸞堂的發展，伴隨而來的就是祭孔運動、興建孔廟、宣講、詩社等活動。〔註91〕

光復前台灣客家地區的仕紳與領導階層，有許多鸞堂信徒。大正6年（1917）梅月，美濃古阿珍得吉地建堂，隔年廣善堂落成，成爲美濃地區著名鸞堂，也是旗美聯吟會及旗美吟社切磋詩藝時的主要聚會場所。就教義而言，鸞堂較少涉及神鬼玄談、超脫生死之事，以儒家文化與入世化爲主體，是具有中國民族特色的組織，不僅滿足個人心靈與文化權力，也保存了客家人的文教傳統與漢學知識，〔註92〕對人民生活影響甚大。在日本當局厲行同化及皇民政策下，美濃廣善堂成爲傳播漢學、宣揚儒教的場所，在民間默默的進行宣揚儒教、傳承漢學的工作，值得重視。

中日戰爭爆發後，雖少見旗峰吟社活動記錄，但在蕭乾源的《資生吟草》中，昭和17年至19年（1942～1944）間，旗山美濃兩地間雅集課題不斷，雖不是由旗峰吟社主辦，仍可見許多旗山詩人共同參與創作漢詩。〔註93〕當時大東亞戰事緊迫，爲使台人成爲大日本順民，官方積極宣揚「皇民化運動」，嚴厲箝制文化思想，使得課題詩作幾乎全以自然景物爲主。

日治後期在漢文盡廢，經濟蕭條的環境下，旗峰吟社中仍有一群默默延續詩學香火，堅守文化傳承的舊詩人，戰後隨即重新集結有志之士，繼續推廣漢詩創作，積極興辦各類擊缽或聯吟聚會，再度帶起地方詩風，其心可敬。只是戰後舊詩人逐漸凋零，新世代漢文基礎不足的問題益發明顯，在缺乏大眾關注與支援的現況下，再度考驗傳統詩社的經營發展。

〔註91〕張二文：《高雄縣客家地區鸞堂與鸞書文學意涵之研究——以美濃廣善堂的發展爲例》，頁110～111。

〔註92〕張二文：《高雄縣客家地區鸞堂與鸞書文學意涵之研究——以美濃廣善堂的發展爲例》，頁26。

〔註93〕「旗美吟社」重要詩人有朱阿華、黃石輝、蕭乾源、朱鼎豫、李春生、林富琦、簡義、劉順安、宋永成、劉慶雲、謝丙祥、林富生、鍾美盛、陳新賜、溫華玉、游讚芳、林桂芳等，其中旗山詩人約占三分之一，比例不低。

表 2-3　日治《詩報》中旗峰吟社活動記錄表

			《詩報》
編號	日　　期	期　　數	詩社活動／序文
1	昭和 6 年（1931） 5 月 15 日	第 12 號	旗山街旗峰吟社： 旗山街旗峰吟社五月一日午後七時開臨時擊鉢吟會社員一齊出席題「玩月」七絕先韻十時交卷得詩四十八首由郭韻琛蕭乾源左右詞宗各選十名乾源南山二氏獲左右元至夜闌各領贈品散去 仝吟社前徵「尋春」「詩鏡」「旗峰」各詩已托洪鐵濤先生評選不日可能發表云云
2	昭和 6 年（1931） 6 月 15 日	第 14 號	旗峰吟社擊鉢：歡迎葉榮春先生 詩題〈行踪〉
3	昭和 6 年（1931） 7 月 1 日	第 15 號	頁 8：旗峰吟社第一期徵詩〈尋春〉、詩鐘〈旗峰〉計共得壹千八拾六首 頁 15：旗峰吟社徵詩作品——詩鐘〈旗峰〉、鳳頂格
4	昭和 6 年（1931） 8 月 15 日	第 18 號	旗峰吟社擊鉢：七月廿二日歡近臺南香芸吟社石儷玉女士，詩題〈筆刀〉
5	昭和 7 年（1932） 2 月 24 日	第 30 號	旗峰吟社擊鉢：〈春日登山〉
6	昭和 10（1935） 3 月 15 日	第 101 號	旗峰吟社擊鉢：〈美人〉
7	昭和 10 年（1935） 4 月 1 日	第 102 期	旗峰吟社徵詩：〈爭杯〉
8	昭和 10 年（1935） 4 月 15 日	第 103 期	旗峰吟社課題：〈水仙花〉
9	昭和 10 年（1935） 8 月 1 日	第 110 號	旗峰吟社擊鉢：〈笑花〉
10	昭和 10 年（1935） 8 月 15 日	第 111 號	旗峰吟社：〈心花〉
11	昭和 10 年（1935） 9 月 1 日	第 112 號	旗峰吟社擊鉢：〈觀棋〉、詩鐘〈白戰〉
12	昭和 10 年（1935） 9 月 16 日	第 113 號	旗峰吟社擊鉢：〈夜坐〉
13	昭和 10 年（1935） 10 月 1 日	第 114 號	旗峰吟社擊鉢：〈女車掌〉、詩鐘〈情山〉

14	昭和 10 年（1935） 10 月 15 日	第 115 號	旗峰吟社課題：〈種菊〉
15	昭和 10 年（1935） 11 月 1 日	第 116 號	旗峰吟社擊鉢：〈馬跡〉
16	昭和 10 年（1935） 11 月 18 日	第 117 號	旗峰吟社擊鉢：〈照空燈〉
17	昭和 11 年（1936） 2 月 15 日	第 123 號	旗峰吟社擊鉢：〈春感〉 （旗山旗峰吟社新曆元旦擊鉢）
18	昭和 11 年（1936） 6 月 15 日	第 131 號	旗峰吟社擊鉢：〈落花〉
19	昭和 11 年（1936） 10 月 2 日	第 138 號	旗峰吟社擊鉢：歡迎朱阿華、蘇維吾、施雁翔先生，詩題〈秋懷〉
20	昭和 11 年（1936） 10 月 15 日	第 139 號	旗峰吟社擊鉢：〈秋聲〉

表 2-4　日治《資生吟草》中旗峰吟社與旗美吟社活動記錄表

《資生吟草》		
時　　間	詩　　名	活動／序文
昭和 5 年（1930）庚午	筆刀	歡迎名媛玉女士小集
	春日登山	新年聯吟
昭和 10 年（1935）乙亥	馬跡	旗峰擊鉢
	夜坐	旗峰小集
	笑花	旗峰小集
	爭杯	旗峰小集
昭和 11 年（1936）丙子	秋聲	旗峰擊鉢
昭和 17 年（1942）壬午	檳榔樹	旗美課題
	濃山秋景	中秋既望廣善堂雅集
	月影	旗美課題
	春耕	旗美課題
	春雪	旗美課題
	善堂初會	冠頂
	黃花酒	重九蛇山雅集

昭和 18 年（1943）癸未	醉菊	旗峰課題
	探梅	旗美課題
	魚梭	旗美課題
	江風	旗峰課題
	鶯聲	旗美課題
	燕剪	旗美課題
	裁雲	旗美課題
	柏酒	旗美之日小集
	冬暖	旗美課題
	夜漏	旗美課題
	秋光	旗美擊鉢
昭和 19 年（1944）甲申	垂釣	旗美課題

表 2-5　日治旗峰吟社大事年表〔註94〕

（日治）旗峰詩社大事年表	
1929 年	蕭乾源倡議黃光軍、范國清、蔡有國、陳三木、游讚芳等六人立社由蕭乾源任社長。
1935 年	黃石輝、劉順安、王良珪、魏錦標，加入並與龍崗廩生朱阿華等美濃諸吟友於廣善堂成立旗美聯吟會。

〔註94〕 「旗峰吟社大事年表」由前任社長曾景釗編撰介紹。

照片 2-5　昭和 10 年（1935）旗峰吟社社友一同記念撮影（乙亥年端月五日）
照片來源：《旗峰鐘韻擊缽詩集》，最後排：左一劉順安、左三蕭乾源，最前排
　　　　　左三黃石輝

照片 2-6　昭和 16 年（1941）重陽旗美吟社聚首於美濃廣善堂
照片來源：《旗美詩苑》〔註95〕，前排：左二林富琦、左三朱阿華、右一簡義、
　　　　　右二蕭乾源、右三黃石輝，後排：右一劉順安。

〔註95〕天心客（張琴龍）簡介：「日據時代民國叁拾年，『昭和拾陸年』歲次辛巳，
　　　　九月初九重陽節，由美濃朱阿華老詞長及旗山黃石輝老詞長兩人發起成立旗
　　　　美吟社，聚首於美濃廣善堂，第一次擊缽聯吟。中間持杖之鶴髮美髯公是前
　　　　清秀才朱阿華，其左席穿黑西裝者爲黃石輝，右席爲林富琦諸老先生。」見
　　　　張琴龍編著：《旗美詩苑》，高雄縣：美泰印刷所，1985 年 1 月。

照片 2-7　昭和 18 年（1943）中秋旗美吟社第二次聚首美濃廣善堂
照片來源：《旗峰鐘韻擊缽詩集》〔註96〕，前排：左三朱阿華、左四黃石輝；照
　　　　　片後排：左一蕭乾源、右一劉順安。

（二）戰後階段

　　戰後初期，民生困頓，社友星散，民國 39 年（1950），劉順安力挽社運，
鼓吹中興傳授詩學，培植後起之秀入社。民國 40 年（1951）辛卯詩人節，蕭
乾源、劉順安、劉慶雲三人參加全國詩人大會，重整旗鼓，二十餘人返社吟
唱，缽韻鐘聲盛極一時。民國 42 年（1953）舉辦旗峰吟社創立二十四週年紀
念會，癸巳年重陽節社友雅集，當時照片中尚有 17 位成員（照片 1-1）。民 44
年（1955），舉行旗峰吟社乙未年中秋詩人雅集。民國 45 年（1956），蕭乾源
再次於旗山承辦高屏三縣市聯吟大會（鯤南三縣市聯吟會），此時亦有北部詩
友參與盛會，共計有一百多名詩人敲鐘競賽，同年於國慶日餞別李求社友遷
於高雄。

〔註96〕天心客（張琴龍）簡介：「民國三十二年『昭和十八年』歲次癸未，八月十五
　　　中秋佳節，復第二次聚首於美濃廣善堂。出席者十二名：朱阿華、林富琦、
　　　童一生、宋永成、朱鼎豫、李春生、謝炳祥、劉慶雲以上是美濃鎮人。旗山
　　　鎮人：黃石輝、劉順安、簡義、蕭乾源，諸老詞長。」見張琴龍編著：《旗美
　　　詩苑》。

照片 2-8　民國 44 年（1955）旗峰吟社乙未中秋雅集
照片來源：《旗峰鐘韻擊缽詩集》，前排右四蕭乾源，後排右一游讚芳、右四劉
　　　　　順安、左二李彬、左四簡義

照片 2-9　民國 45 年（1956）旗峰吟社主辦高屏三縣市丙申春季詩人聯吟大會紀念
照片來源：《旗峰鐘韻擊缽詩集》，中排右一為蕭乾源

照片 2-10　民國 45 年（1956）旗峰吟社同人歡送李求先生之高雄（丙申國慶日）
照片來源：《旗峰鐘韻擊缽詩集》，照片前排：左一游讚芳、左二簡義、左三蕭乾
　　　　　源、左四李求、右一林桂芳、右二劉順安，照片後排：左一李彬、左
　　　　　二張清景（蕭振中外公）、左三柳傳〔註97〕

　　戰後旗峰詩社也曾在端午佳節於旗山白鶴寺舉辦「五日白鶴寺雅集」，詩
友齊聚一堂，留下許多吟唱詩篇。民國 46 年（1957）春天，成立「旗峰詩文
研究社」，聘請高雄碩儒陳月樵傳授詩學，臘月結業者約六十人，對當時詩友
增進詩藝幫助甚大。同年主辦冬季高屏三縣市詩人大會（冬季鯤南三縣市聯
吟大會），盛況如前。民國 47 年（1958）荔月，向高雄縣政府提出籌備會，
預備立案，獲高雄縣政府核准重開成立典禮，改選理監事。蕭乾源當選會長，
劉順安、簡義當選常務理事，理事有黃來成、游讚芳、柳傳、顏公祝、張清
景、李常，監事主席為李彬，監事有林桂芳、劉福麟，顧問有陳月樵、李國
琳，社員達三十二人。

　　民國 49 年（1960）11 月 12 日為慶祝　國父誕辰紀念日暨旗峰吟社三十
週年社慶（照片 1-2），蕭乾源於旗山鎮農會舉辦第一次全國詩人聯吟大會，
會後全體社員於農會門前合影留念，照片中仍有 20 位成員（照片 1-2）。當時
劉孟梁〔註98〕曾寫詩慶賀：

〔註97〕照片 2-10 人物為筆者至旗山乾元藥局田調時，由蕭振中先生協助辦認詩社長
　　　　輩。
〔註98〕劉孟梁是國民政府 1949 年從中國撤退來台的第一代文人。劉孟梁以其深厚的
　　　　古典文學素養，積極遊走於台灣詩社與書、畫藝壇，除了與同時撤退來台的
　　　　大陸文人和將領有密切來往之外，劉孟梁也與台灣本土文藝人士結交。劉慧
　　　　蘭：《劉孟梁及其詩書畫研究》（嘉義：南華大學文學系碩士論文，2012 年），

社倡旗峰三十秋，堂堂冠冕冠南州。宏揚正氣撐天地，丕振風騷繼漢周。

勝地勝朝聯勝會，賢賓賢主仰賢儔。縱橫筆陣壇墠壯，鼓吹中興沐國麻。〔註99〕

戰後蕭乾源等人苦心經營旗峰詩社，一時詩風鼎盛，影響力不容小覷。以當時台灣南北詩社發展而言，旗峰詩社的社員人數穩定，詩社聯吟活動也相對活躍。民國51年（1962）於鼓山國小禮堂舉辦高屏三縣市壬寅春季聯吟大會。民國54年（1965）為紀念國父百年誕辰，於旗山鎮農會舉辦乙巳年第二次全國詩人大會，會後於武德殿拍攝團體照留念。民國59年（1970）為慶祝青年節暨旗峰吟社創立四十週年紀念，舉行第三次的全國詩人聯吟大會（鯤南七縣市庚戌春季詩人聯吟大會暨四十週年社慶），盛況空前。

旗美吟社與旗峰吟社關係密切，詩友也多有重複，因此詩會活動中亦常見旗峰社友共襄盛舉。包括民國69年（1980）於旗山三桃山舉行庚申年旗美吟社四十週年社慶，往後大抵兩年一次大聚會，如民國72年（1983）由張琴龍主辦旗美吟社〈癸亥年詩友辭歲暨迎新大會〉、74年（1985）於朱鼎豫宅舉辦〈乙丑年迎新大會〉（當日詩詞由「廣善堂」業餘康樂班員古信來、楊登盛、吳榮滿、張水妹、溫桂娣等譜曲演唱，其樂融融）。〔註100〕民國74年（1985）張琴龍於《旗美詩苑》〈楔子〉一文中提到：「三十年來，吟社林立，端賴諸賢達匡扶大雅，鼓吹中興。」，然而也發出感慨道：「眼見旗美吟社，耆宿詞長相繼賦歸道山，後生一輩同儕，又分飛外地，因此社況寂寥。」〔註101〕由此可知社務推廣面臨著嚴峻挑戰。

關於旗美吟社，目前根據張琴龍所編的《旗美詩苑》詩題〔註102〕，可知

論文摘要。

〔註99〕劉孟梁：〈慶旗峰詩社30年〉二首，鄭定國編：《劉孟梁詩書畫集》（嘉義：南華大學台灣研究中心，2011年），頁64。

〔註100〕詳見邱春美：《六堆客家古典文學研究》，輔仁大學中文系博士論文，2004年，頁22～23。

〔註101〕張琴龍著作兼總編輯：《旗美詩苑》第一冊，高雄縣：美泰印刷所，1985年1月，頁17。

〔註102〕詩題包括：春寒、春雪、新梅、江風、山月、裁雲、白扇、壬午七十五歲感懷、謹和原玉、甲申簡義桂方二詞友將之南方、讀韓文公詩後感、乙酉元月春生丙祥兩詞友疏開大坑寄來訊、謹和兩先生原玉、仝乙酉年四月大空襲感懷、茶山天雲宮攬勝、獅山朝天宮、龍肚八景、讚才用先生、懷保貴叔公老詞長、梅雨、爐邊閒談、丙午春災後感、春生詞兄和來，乙酉年十二月祝宜

作品以詠懷生活爲主，除了詩社成員作品，也包含六合吟社徵詩詩題，可見兩社往來密切。民國73年（1984）元月仍有徵詩活動，在張琴龍主持〈邀請旗美兩鎮詩人擊缽聯吟大會邀請文〉後附有〈詩題予告〉〔註103〕，可知當時擊缽聯吟已可在家自行創作投稿，重視群體間的交際聯誼，這也是時代趨勢。

照片 2-11　旗峰詩社舉辦五日白鶴寺雅集後合影留念
資料來源：《旗峰鐘韻擊缽詩集》，前排左二蕭乾源、左三游讚芳、左五劉順安，
　　　　　後排左一簡義

善老詞長八一華誕及六合週年、獅山朝天宮重九雅集、中秋月夜雅集、世界三十七國詩人大會、世界詩人主席馬加利達奧沙博士徵詩世界博愛與和平、建設南迴鐵路、雙喜、仲秋曉望、訪僧、秋夜雨、寒夜懷友、傘、濃山東望、世俗、山居、丙午春春生詞兄寄來訊、門對雙峰春景好、秋江月、幽居、春日遊茶頂山記、村女、高縣徵詩：龍崗觀雲、玉良老詞長、直昇機、飛吻、觀棋、黃蝶翠谷、庚年九月、和尚文先生原玉、慈母線、斷乳、中正亭、東門樓、廣善堂、中正湖等詩題。參見邱春美：《六堆客家古典文學研究》，台北：輔仁大學中國文學研究所博士論文，2005年1月，頁23～24。
〔註103〕內容提到：1、首唱：「癸亥年辭歲」五七絕各乙首。2、次唱：（1）「迎甲子年新歲言志」五律乙首。（2）「迎甲子新歲祈願國運昌隆，暨蔣總統政躬康泰」七律乙首。3、恭祝鍾榮吉、吳海源當選立法委員（詩體韻自由發揮）懇乞各位詞長於元月十九日前將大作交與古詞長信來處便彙集抄錄、按排席位，是以爲禱。當日一切免費，如有墨寶相賜，晚生絕不婉拒，還要深深拜謝，無又何妨？張琴龍著作兼總編輯：《旗美詩苑》第一冊，頁13。

照片 2-12　民國 54 年（1965）旗峰詩社舉辦乙巳年全國詩人聯吟大會紀念
照片來源：《旗峰鐘韻擊缽詩集》，後者攝於武德殿前。

照片 2-13　民國 59 年（1970）旗峰詩社成立四十周年社慶舉辦鯤南七縣市庚戌
春季詩人聯吟大會　照片來源：《旗峰鐘韻擊缽詩集》

　　民國 73 年（1984）農曆 5 月 10 日，由於蕭乾源社長中風逝世，詩友老
成凋零或創業遷居，社運陷入停擺，旗峰詩社幾近解散。直到民國 83 年
（1994），由原為林園詩社社員的旗山子弟曾景釗倡議恢復旗峰詩社，劉福
雙、曾茂源、蕭振中、黃澤祥等人極力支持，於光復節正式復社，社員 11 人，
由曾景釗擔任社長，副社長劉福雙，定期舉行詩文切磋會，每週例會一次，
在曾景釗處研習，為古典詩注入新生命，重新開展旗山文化。復社之際，社
長曾景釗曾寫下〈復社吟聲〉：

　　　旗峰振鐸復斯文，翰墨飄香大雅群。吟詠市詞宏國粹，騷聲遠播譽
　　　名芬。〔註104〕

　　詩人以「薪傳詩學，發揚國粹」為宗旨，希望以詩社之力興揚國粹，由

〔註104〕曾景釗：《溪山嘯詠集》，《旗山奇》，網址：http://www.chi-san-chi.com.tw/
2culture/db/jin_jwoa/c_san_shoaw/index.html，檢索日期：2014 年 12 月 23 日。

此可見成立於日治時期，重視詩文研究的旗峰吟社，對古典詩學一直抱持著高度興趣，一路走來，終始如一，並非趨炎附勢，缺乏寫作信念的傳統詩社所能相提並論。

照片 2-14　民國 69 年（1980）庚申年於旗山三桃山舉行旗美吟社四十週年社慶
照片來源：《旗峰鐘韻擊缽詩集》

　　旗峰詩社復社是當時南部文壇的一大盛事，社長曾景釗出錢出力，廣發英雄帖，當時南部重要詩人代表，如傳統詩會副理事長黃火盛、高市詩人協會理事長曾人口、壽峰詩社長李玉水、鳳崗詩社長劉福麟賢伉儷及林園詩社全體社員等皆參加盛會，計送二十幅字畫，〔註105〕慶賀旗峰詩社復社，身為旗山人也曾是旗峰吟社一份子的劉福麟亦獻上頌辭〔註106〕，勉勵新任社長曾景釗重新整頓社務，再創旗峰詩社第二春。民國84年（1995）元宵節，於旗山一江山飯店舉辦復社典禮及南部詩人聯誼大會，邀請南部詩人與高屏地區詩社觀禮。復社首任社長曾景釗，副社長劉福雙，總幹事曾茂源，副總幹事蕭振中，常務幹事黃澤祥、張丁興，幹事徐麗山、陳育芬、劉鎮源等，會後更於旗山天后宮舉辦元宵燈謎晚會，與群眾同樂。北港鄉勵吟社李文峰曾寫詩祝賀旗峰詩社社慶，復社後再次受邀至旗山聯歡，更見心中喜悅：

> 宣揚國粹萃詩盟，鬥角鉤心感不禁。堪羨其峰文物盛，還看玉枕白雲騰。
>
> 一溪煙雨真靈秀，卅載騷風印瑞徵。國父誕辰開雅會，師旌齊揭頌中興。〔註107〕
>
>
> 重逢握手喜相陪，踐約旗峰話舊來。一貴興兵因抗滿，斯庵講學論開台。
>
> 風和紫竹迎春燕，日暖洪岩映翠苔。釀就屠蘇堪醉酒，聯歡賓主共含杯。〔註108〕

詩人從民國49年（1960）慶賀旗峰成立三十週年到民國85年（1996）「踐約旗峰」，與詩社間橫跨近半世紀的深厚情感，著實難得。

　　民國85年（1996），復社後首次配合鎮公所香蕉節文藝活動，特於旗山國小輪辦高屏三縣市詩人大會（丙子春季聯吟大會），擊鉢敲詩，吟宴詠詩風

〔註105〕黃福鎮：《戰後高雄地區傳統詩研究》，高雄：國立中山大學中國文學研究所碩論，2009年，頁52。

〔註106〕劉福麟：「突起騷壇一幟新，相延藜火賴斯人。行看社務從頭整，再創旗峰第二春。」，引自江明樹：〈旗峰詩社復社〉，《旗山奇》，網址：〈http://www.chi-san-chi.com.tw/2culture/index.htm〉，2014年8月23日。

〔註107〕李文峰：〈旗峰詩社三十週年紀盛〉，《文峰詩草》（2005年6月），頁18。

〔註108〕李文峰：〈旗峰話舊其一 85.03.01旗山〉，《文峰詩草》，（2005年6月），頁18。

氣再起。民國 86 年（1997）副社長劉福雙逝世，由曾茂源、蕭振中遞補副社長，黃澤祥任總幹事，莫皓帆任副總幹事。民國 88 年（1999）舉辦高屏三縣市庚辰元宵節聯吟大會。民國 93 年（2004）高雄市歷史博物館舉辦「大高雄地區先賢手澤展」，當時美濃以朱阿華為首，旗山以蕭乾源為首，包括陳保貴父子、鍾美盛等，蒐集整理許多旗美地區詩人遺作、詩集、手稿、文房四寶展覽。民國 95 年（2006）六月曾景釗擬定旗峰詩社大事年表。民國 96 年（2007）協助高雄縣政府文化局研討堤防史料保存為文化歷史古蹟。民國 97 年（2008）《中華詩壇》〔註109〕第 40 期頁 110～115 中仍刊有旗峰詩社詩作，詩題為〈詩隄燦夜〉（首唱）、〈旗山懷古〉（次唱）〔註110〕，可見詩社仍有運作。〈詩堤燦夜〉是曾景釗在高屏三縣市時期舉辦的最後一屆活動，之後因為高雄縣市合併，所以開會同意成立一個高雄市詩人聯吟會，決定以「高雄市詩人聯吟會」為名，涵蓋所有大高雄縣市所有詩社。曾景釗表示：

> 現在整個高雄縣市都併入高雄市詩人協會，都沒有個人的小詩社了，除了像林園詩社堅持要個人去辦，因為他們有經費。像壽峰還有旗峰等，都併入高雄市詩人協會了。〔註111〕

目前高雄市詩人聯吟每月都會寄送一張明信片，附上月課題，課題詞宗分成兩種，第一種是詩社社長，第二種則是上個月月課例題狀元。只是隨著時代轉變，年輕一輩不願學傳統詩，加上旗峰詩社很多社員（如劉福雙、徐麗崑、副社長曾茂源等）都已過世，部分因遷居他鄉或已無興趣而未再出席，目前較常參加詩會活動的僅曾景釗與曾俊源父子，加上兩位副社長（黃澤祥、蕭

〔註109〕 李知灝〈台灣古典文學創作概論〉：《中華詩壇》（2001.01）在 2001 年《台灣古典詩雙學刊》停刊後，民間詩社頓失發表之平台。《中華詩學》與《乾坤詩刊》並不刊登詩社的擊缽、課題之作，而《古典詩刊》與《楚辭吟刊》又屬於詩社內部刊物。在此需求下，由「中華民國傳統詩學會」掛名發行機構，學會會長擔任發行人，實際編務則交由彰化縣楊龍潭、張麗美夫婦負責發行此刊。詩刊以雙月刊形式發行，內容延續《台灣古典詩雙月刊》的風格，除刊登「中華民國傳統詩學會」徵詩、聯吟大會的作品外，亦刊載各地詩社例會之作，與投稿的論詩專文。也因此，《中華詩壇》成為民間詩社互通消息的重要刊物至今。彭瑞金總編輯：《2010 臺灣文學年鑑》（台南市：台灣文學館，2011 年 12 月），頁 41～42。

〔註110〕 彭瑞金總編輯：《2008 臺灣文學年鑑》（台南市：台灣文學館，2009 年 12 月），頁 327。

〔註111〕 口述資料為 2015 年 5 月 10 日，筆者至旗山賽珠健保藥局專訪曾景釗先生所得。

振中），社員約莫剩下四人而已。曾俊源於 2010 年全國詩人大會憑詩作〈薪火相承〉獲首唱全國狀元，因此民國 103 年（2014）年底，已由曾俊源正式接棒，擔任旗峰詩社新社長，繼續經營旗山地區的百年詩社。

　　回溯旗山文化，日治創立的「旗峰吟社」充滿歷史及人文意義，蕭乾源、簡義、劉順安等人前期努力經營，黃石輝入社後開始與美濃詩人結社聯吟，戰後雖一度困頓無人，在劉順安等人重振旗鼓下，聘請儒士陳月樵主講詩學，舉辦各項詩學活動，引領旗美地區學子進入古典詩殿堂，詩社功不可沒。旗峰詩社後因社長蕭乾源去世而再度沉寂，幸有曾景釗等人積極復社，默默堅持理想，承繼百年詩社。根據《資生吟草》及「旗峰詩社大事年表」，歸納戰後旗峰詩社活動如下：

表 2-6　戰後《資生吟草》中旗峰吟社活動記錄表

《資生吟草》		
時間	詩名	活動／序文
民國 38 年（1949）己丑	甘露寺取婿	旗美擊鉢
民國 40 年（1951）辛卯	辛卯詩人節紀念鄭成功	全國詩全會課題
	臺灣是民主自由之燈塔	全國詩人大會課題
	辛卯詩人節懷沈斯菴	全國詩人大會課題
	畫中美人	旗美課題
	觀海	旗美課題
	角黍	全國詩人大會擊鉢
	萱草春	祝雙麟令堂七一榮壽
	菽水供親	祝雙麟令堂七一榮壽擊鉢
	太平鼓	旗美課題
民國 41 年（1952）壬辰	筆鋒	旗美課題
	雨意	鳳山課題
	追懷七十二烈士	嘉南高屏聯吟大會課題
	灰蝴蝶	旗美課題
	春日訪鄭王梅	嘉南高屏聯吟會擊鉢
	雞聲	鳳山課題

表 2-7　戰後旗峰詩社大事年表

時　間	大事記
\multicolumn{2}{c}{（戰後）旗峰詩社大事年表}	

時　間	大事記
1950 年（民 39）	劉順安鼓吹中興傳授詩學培植後起之秀入社。
1952 年（民 41）	蕭社長乾源、劉順安於詩人節重整旗鼓二十餘人返社。
1953 年（民 42）	創立二十四週年紀念，癸巳年重陽節社友雅集。
1955 年（民 44）	舉行旗峰吟社乙未年中秋詩人雅集。
1956 年（民 45）	主辦鯤南三縣市聯吟會，國慶日餞別李求社友遷於高雄。
1957 年（民 46）	首春成立旗峰詩文研究社，聘請陳月樵講師傳授，同年臘月約六十人結業，並主辦冬季鯤南三縣市聯吟大會。
1958 年（民 47）	荔月蒙高雄縣政府核准重開成立典禮，改選理監事。理事長主席蕭乾源、常務理事劉順安、簡義，理事黃來成、游讚芳、柳傳、顏公祝、張清景、李常，監事主席李彬，監事林桂芳、劉福麟，顧問陳月樵、李國琳，社員三十二人。
1960 年（民 49）	於國父誕辰在旗山農會舉行全國詩人聯吟大會暨三十週年社慶。
1965 年（民 54）	於旗山鎮農會舉辦乙巳年全國詩人聯吟大會。會後於武德殿團體照相留念。
1969 年（民 58）	舉辦鯤南七縣市庚戌春季詩人聯吟大會暨四十週年社慶。
1980 年（民 69）	在旗山三桃山舉行庚申年旗美吟社四十週年社慶。
1984 年（民 73）	農曆五月十日蕭社長乾源中風逝世，詩社於茲沉寂。
1994 年（民 83）	原為林園詩社社員之旗山子弟曾景釗倡議復社。
1995 年（民 84）	元宵節於旗山一江山大飯店舉行復社典禮，邀請南部詩人與高屏地區詩社觀禮並於旗山天后宮舉辦元宵燈謎晚會。復社首任社長曾景釗，副社長劉福雙，總幹事曾茂源，副總幹事蕭振中，常務幹事黃澤祥、張丁興，幹事徐麗山、陳育芬、劉鎮源等。
1996 年（民 85）	復社後首次輪辦高屏三縣市丙子春季聯吟大會於旗山國小舉行。
1997 年（民 86）	劉副社長福雙仙逝，由曾茂源、蕭振中遞補副社長。總幹事黃澤祥，副總幹事莫皓帆。
1998 年（民 87）	舉辦第一屆「蕭乾源獎」獎勵後學。
1999 年（民 88）	舉辦高屏三縣市庚辰元宵節聯吟大會。
2004 年（民 93）	應高雄市歷史博物館之「大高雄地區先賢手澤展」蒐集旗美地區已逝詩人遺作、詩集、手稿、文房四寶參展。
2006 年（民 95）	六月曾景釗擬定旗峰詩社大事年表
2007 年（民 96）	協助高雄縣政府文化局研討堤防史料保存為文化歷史古蹟
2008 年（民國 97）	舉辦高屏三縣市詩會，首唱〈詩隄燦夜〉、次唱〈旗山懷古〉
2014 年（民 103）	曾俊源接任社長

第三節　旗峰吟社與旗美聯吟會、旗美吟社之關係

　　昭和 4 年（1929）旗峰吟社成立，昭和 10 年（1935）旗美兩地詩人組成「旗美聯吟會」，昭和 16 年（1941）朱阿華與黃石輝共同發起「旗美吟社」，社員重疊明顯。根據三者發展的過程與影響，可看出日治時期漢詩一度強勢擴張，加上殖民官員對旗美地區採行「閩粵和睦」的統治政策，積極融合族群，更讓詩人無謂地域界線，閩客衝突也隨著日趨熱絡的交流活動，逐漸消弭。

一、漢詩文化強勢擴展

　　清朝以來，由於移居高屏的客家人較閩南人遲慢，因此幾乎都居住在山區的邊緣地帶，土地、土壤、交通與生活條件較差，使得客家人種田造林者居多，從事企業貿易者少。在民風淳樸的美濃客家，「家學」扮演著極重要地位，父母往往將期望寄託子女，鼓勵孩子努力讀書，出人頭地，顯祖耀宗的同時也可改變自己的社會地位，這種就算「賣田賣地，都要讓子女上進」的教育風氣根深柢固，讓整個旗山郡縣除了就讀公學校外，亦默許孩子學習漢文漢詩，不僅以延一線之斯文，更帶動旗山郡內的鼎盛詩風。

　　自古以來，地方文教發展是一地開化程度的重要指標。根據昭和 9 年（1934）《旗山郡要覽》記載，當時旗山街的學校包括旗山尋常高等小學校、手巾寮尋常小學校、旗山第一公學校、旗山第二公學校；美濃庄則有美濃公學校、龍肚公學校、吉洋公學校等。清代美濃地區，學生在學堂或私塾裡上課，教授書本、三字經、千字文、幼學瓊林、唐詩、四書五經等書，教育的目的以能讀書識字為主，更進一步參加科舉考取功名。台灣粵族參加福建科舉，鳳山縣二十八名舉人中客家子弟佔二十人，其中美濃又考上大席，[註112] 當時地方上的文教風氣可見一斑。日治時期，明治 33 年（1900）成立彌濃（美濃）公學校，因各地學生上學不便，之後陸續設立分校。大正 9 年（1920），日本政府推行街庄治，彌濃改為高雄州旗山郡美濃庄，彌濃公學校改為美濃公學校，大正 11 年（1922）美濃庄龍肚公學校成立，學生人數 905 人，比高雄州任何一所學校人數多，學生表現出色。除了官方教育日趨普及外，地方上參加詩社學習漢詩的風氣也隨官方態度而日漸興盛。針對高雄詩社興起之

〔註112〕邱錦輝：《台灣美濃客家鄉土典故》（文豪印刷企業社，2010 年 9 月），頁 18。

因及過程，許成章曾言：

> 日本治台，對教育一事，不敢造次於廢除漢文，故學校必招舉人，
> 秀才等上漢文課。至中期乃鬆弛。然猶聽任私塾教漢文，但在功利
> 社會上已引不起注意。……當時台人心目中尚有清代學者影子（大
> 於日本學人）也。因此，凡清時秀才及童生而貧者多以詩為號召，
> 在各地創社詩社。其實是教《四書》、《唐詩》、《尺牘》等。反正台
> 人讀日本學校，多以公學校為最高學歷。故夜間讀私塾，乃自然現
> 象，至於讀多了自然也會做幾句詩，後來就真的加入詩社成為詩人
> 了。〔註113〕

日治時期與美濃地域有關的傳統詩社包括：美友吟社〔註114〕、六合吟社、旗
美吟社等，旗峰吟社因地利之便，與美友吟社往來密切。昭和10年（1935）
詩人黃石輝、劉順安、魏錦標等人陸續加入旗峰吟社，詩社陣容日漸茁壯，
同年八月蕭乾源與美濃詩友朱阿華等人結盟，於廣善堂輪流舉辦聯吟會，每
週課題一次，稱為「旗美聯吟會」，兩地詩人定期擊缽切磋，聯繫情誼，互動
頻繁，詩風日盛。

　　日治以後，由於交通與聯絡方式進步，各地文友往來頻率增多，詩社聯
吟風氣日盛。不同於詩社雅集，聯吟規定締盟者應定期輪值，以期砥礪，藉
以互通聲氣，切磋詩學。關於「聯吟」之風，聚奎吟社黃師樵〈臺灣聯吟會
存廢論〉云：「吾臺到處常主開聯吟會，或州下聯吟，或全島聯吟，此舉為聯
絡文人聲氣，以文會友，盡騷人之樂事，固屬難得之美舉也。」《台灣詩薈》
中曾記載以下聯吟會：台中中嘉南聯吟會、高雄三友聯吟會、中部聯吟會、
台北劍樓吟會、北部吟會、消夏吟會、桐侶吟社聯吟會、宜蘭蘭社聯吟、台
北聯吟會等，另外由其他記載還可知：櫟鰲聯吟會、曾北六社聯吟會、民國
二十四年旗津、美濃聯吟會（旗峰吟社主辦）〔註115〕、東部聯吟會等，台灣

〔註113〕方俊吉主訪、陳慕貞記錄：〈許成章先生訪問紀錄〉，《高縣文獻》第9卷第2
　　　　期（高雄縣鳳山市：高雄縣政府，1996年12月），頁16～17。
〔註114〕美友吟社成立時間及主持人，有云「美濃鎮曾廷掄等創立，年代不詳。」或
　　　　云「年代不詳，曾廷論，址設美濃鎮」等，然而據《陳故保貴紀念集》可知，
　　　　由朱阿華和陳保貴等人成立，而陳保貴被推為社長，若據六堆文教基金會出
　　　　版《六堆客家社會文化發展與變遷之研究》之《教育篇》則載：大正元年（1912）
　　　　陳保貴、朱阿華、林富琦等人組成「美友吟社」。見邱春美：《六堆客家古典
　　　　文學研究》（台北：輔仁大學中國文學研究所博士論文，2005年1月），頁24。
〔註115〕「民國二十四年旗津、美濃聯吟會（旗峰吟社主辦）」活動時間與主辦單位皆

詩社聯吟風氣盛行可見一斑。〔註 116〕再根據王文顏《台灣詩社之研究》所列舉的台灣重要聯吟團體，包括：櫟鰲聯吟會（1918 年，櫟社、鰲西吟社，開全省詩社聯吟之先河）、中嘉南聯吟會（1923 年，台中、嘉義、台南）、瀛桃竹聯吟會（瀛社、桃社、竹社）、星瀛聯吟會（瀛社、星社、天籟）、消夏聯吟會、桃園五社聯吟會、曾北六社聯吟會、旗美聯吟會、東部台灣聯吟會、全台聯吟會，〔註 117〕可知「旗美聯吟會」並非默默無聞的聯吟組織，在旗山郡或高雄州內具有一定的知名度與號召力，符合地域性的分布特色。黃美娥認為：

> 詩社真正強調其「地域性」，應與大正 13 年（1924 年）全台聯吟大會成為一正式而規律化之活動有關，後來的會則中更明言由北、中、南五州輪辦詩會，以「地域觀念」去劃分全台各地日增的詩社的想法已然形成。是故，往後以區域性詩社為主體而進行聯吟的風氣大開……參加吟會的詩社往往在其社名前面冠上區域屬地，無形中使清朝以來這種徒以文藝切磋為主的文人集團，逐漸演變成帶有地域性色彩的文學集團，當然這種地域性文學集團的活動並不是封閉性的，相反地在人親、土親的呼喚下，也間接促使當地加入詩社的人數銳增、詩社數量激長，以求該地詩社在全島詩人聯吟大會或其他詩會活動終能有更多顯露頭角的機會。〔註 118〕

雖然各地詩社定期聚會雅集，但參與者多為一地之里巷仕紳、親朋師友，想要增廣見聞、結交新知同好，則需跨出地方以聯吟形式，打破地理上的侷限，「旗美聯吟會」的出現，是旗美兩地的歷史結合，也是以區域性詩社為主體而進行的聯吟活動。到了昭和 16 年（1941）重陽節，美濃朱阿華與旗山黃石輝兩人發起成立旗美吟社，首聚於美濃廣善堂，第一次擊缽聯吟參與人員包括美濃林富琦、童一生、宋永成，龍肚朱阿華、李春生、謝炳祥、劉慶雲、朱鼎豫，以及旗山劉順安、簡義、蕭乾源等共十二人，其後加入者包括黃來

與昭和 10 年（1935）第一次旗美聯吟會相同，因此筆者認為此處資料有誤，應改為「旗山」而非旗津。

〔註 116〕 參見陳丹馨：《台灣光復前重要詩社作家作品研究》（台北：東吳大學中文所碩士論文，1996 年 5 月），頁 297。

〔註 117〕 王文顏：《台灣詩社之研究》（台北：國立政治大學中文所碩士論文，1979 年），頁 125。

〔註 118〕 黃美娥：〈日治時代台灣詩社林立的社會考察〉，《台灣風物》47 卷 3 期（1997 年 9 月），頁 54。

成、游讚芳、李彬、劉福麟、顏是等人。由昭和 18 年（1943）第二次聚首於美濃廣善堂，以及「民國 61 年中秋節時在龍肚朱鼎豫先生府上聯吟大會」合影照片中可見，當時至少有十六位成員，〔註119〕可知詩社持續引領著旗美兩地的漢詩創作風氣。

　　日治時期的詩社團體有地域性關聯，也有全島以及跨區域性質的聯吟活動。黃美娥指出從當時詩社的制度化、時間，以及通俗化傾向，可以看到詩社的現代性轉向。族群來自地區人群，組織則是由社團結構，當受益於族群的資本與活動力越強，組織越能高度發展，對所屬文化空間規模的擴張也越有利。大正 9 年（1920）地方制度改正後，台灣全島共五州二廳，下轄市郡，再由各郡下轄街庄之層級架構確立，各式會合開始仿造此行政層級架構發展出相應的組織，日漸興盛的漢詩組織也不例外。大正 10 年（1921），10 月 23 日召開第一屆全島詩人聯吟會，全臺北、中、南部詩社均有代表出席，約八十餘名。與會眾人決議每年在臺北召開一次，成為一常態性活動，臺灣詩社發展更為蓬勃。大正 13 年（1924）台灣全島詩人於大稻埕江山樓聚會吟詩，正式宣佈成立全臺詩社擊缽吟會。至昭和 2 年（1927）林佛國〈瀛社簡史〉《瀛社創立六十周年紀念集》謂昭和三年（1928）3 月 20、21 日臺北集會時，與會者已達 270 餘名，會中決議往後變更為五州（台北、新竹、台中、台南、高雄）輪番，全島詩人聯吟會亦稱「五州詩人大會」，進一步擬定全臺聯合吟會會則草案，使詩會活動更加普及化，有助全台詩風氣。在殖民者的空間內，臺灣漢詩界由全島至各市郡甚至街庄，建立起一套具有層級劃分方式的自主文化空間，以全島詩社聯吟會為最高位階，舉辦全島詩人大會，下轄各州層級之聯吟會，進而統籌區域內各跨社、跨區聯吟會、以及各類漢學研究會的活動與聯繫。

　　由「旗峰吟社──旗美聯吟會──旗美吟社」的出現，可以看出漢詩文化以「地域觀念」強勢在各街庄的興起擴展。以日治台灣漢詩文化空間而言：

　　　　由於漢詩群體是以資產與社會領導階級為族群基礎，進而在組織上
　　　　也能自成一格，故經過日治前期各地詩社組織活絡的發展，逐漸發
　　　　展出一整套立體化與精確分工的科層組織。其是以「全島詩社聯吟
　　　　會」為最高位階，每年常態舉辦全島詩人大會以揭示其存在的地位

〔註119〕參見論文附照：照片 2-7、照片 2-8、照片 3-2。

與高度，並下轄各州層級之聯吟會以統籌區域內其他跨社、跨區聯吟會、詩社、以及各類漢學研究會的活動與聯繫，而由州層級聯吟會所節制之組織，又多在各街庄之漢詩文化空間中具代表性地位。

〔註120〕

當漢詩文化發展興盛時，由各街庄、各州到全島最高的聯合統籌組織，全臺各地幾乎都有詩社分佈，緊接著由全島、全州到各街庄的層級組織架構開始清晰，不管是詩人雅集或是詩社聯吟，都具有陪襯與強化詩社結構的意義。日治以來，台灣詩社開始形成極具組織性的團體，詩會舉行的時間也從不定期聚會變成週聚或月聚的定期詩會，甚至有縝密的社則規範，建構成為組織性極強的地方性社團。觀察旗峰吟社活動：昭和 4 年（1929）成立，昭和 5 年（1930）庚午 4 月在旗山市街舉行高雄州下聯吟會，召集南部詩人齊聚一堂，昭和 10 年（1935）更與美濃吟友結盟，於廣善堂輪流舉辦「旗美聯吟會」，每週課題一次，旗美兩地詩人互動頻繁，漢詩成為社會大眾間聯繫的重要橋梁。初成立的旗峰吟社明顯為「街庄組織」，一年後便聯合高屏詩人一同擊鉢聯吟，持續壯大詩社陣容，充實詩員內涵，不久又發展出區域性的聯吟組織，進一步組成跨區域詩社團體，發展出一整套強化漢詩文化的層級組織。

日治時期台灣詩社林立，漢詩的遊戲娛樂特質強過文學色彩。詩社既為詩人社群往還的重要平台，便須滿足當時詩人不同心理層面的需求。因此，當詩人漸漸散居各行各業後，非由士大夫所承傳，文化任務也已經不是主要的與會目的，適時行樂反為要務。詩會對「餘興」的重視，或更超過「詩興」本身，舉辦地點講究交通的可及性與風物景觀的明媚，重視休閒享樂、感官情慾，也正是當時臺灣古典文壇普遍的趨尚。〔註121〕正因詩社活動趨向世俗化、社會化，已然成為聯誼交際的最佳場域，無形中形塑了文學社會化、社會文學化的特殊時代現象。從旗美聯吟會的成立，我們可以觀察到旗峰吟社以旗山市街的中心，向外推展詩社觸角與聯結詩友同好的脈絡過程，使得地方上開始出現以旗峰吟社為主的跨區域聯吟活動，緊接著昭和 16 年（1941）兩地詩人共同合辦了「旗美吟社」，更強化整個旗山郡的漢詩文化的層級網絡。以詩社進化史而言，旗峰吟社已由地方性社團開始向外擴散，發展出可

〔註120〕謝崇耀：《日治時期臺北州漢詩文化空間之發展與研究》，頁 15。
〔註121〕江寶釵、謝崇耀：〈從日治時期「全島詩人大會」論臺灣詩社的轉型及其時代意義〉，頁 349。

跨區創作的聯吟會形式，再透過旗美吟社的活動，與美濃及其他地區的詩社緊密互動，不僅擴大詩人的文學交遊，也串連起整個高屏地區的漢詩組織，顯示漢詩文化的強勢擴展，證明旗山地區的詩社活動非一潭止水。

二、緩合閩客對立關係

根據伊能嘉矩《台灣文化志》記述：「羅漢門係以東方楠梓仙溪劃境，西方烏山山脈為屏障之一帶，即後之羅漢內外門里之總稱。」〔註122〕黃叔璥《台海使槎錄》中記錄了漢人移墾羅漢門之始：

> 清康熙三十八年郡民謝鸞、謝鳳相偕至羅漢門堪輿卜地；康熙四十二年，在台諸民召汀洲屬縣民墾治，自後漢人往來漸眾。康熙末年，另有福建泉漳籍人民自鳳山縣地方越過南界嶺口進入羅漢外門地區墾拓。〔註123〕

旗山古屬羅漢外門，早在清康熙時期已有閩南人入住開墾，當時羅漢門內還有大傑顛社群，因此開墾過程中曾激起原住民的反抗，閩番間衝突不斷。許淑娟提到：

> 清代蕃薯藔街所在的羅漢外門里地區，由漢人取代原大傑顛社人的勢力後，慢慢在楠梓仙溪下游兩岸形成一個以福佬人為主的漢番雜錯的羅漢外門地區，人文劃定的番界與縣界沒有限制羅漢外門里福佬人活動的範圍。其以稻作、甘薯、姜黃、甘蔗等為主的為生活活動，商業農作氣氛濃厚。……因為盜匪叢雜、清代軍事人員駐紮帶來的相對浮動、加上和鄰區瀰濃客家人長期的衝突，羅漢外門地區的社會風氣呈現浮動不安。〔註124〕

美濃平原是清乾隆年間，由屏東縣里港鄉和高樹鄉的原廣東省嘉應州的客族二次移民開墾而成的地區，兩地均為馬卡道族「鳳山八社」游耕狩獵的地區。〔註125〕以開發史而言，早期客家先民過境屏東平原、武洛庄、大路關庄入墾美濃平原，大量移民南部約始於康熙三十五年（1696）福建水師提督施琅卒

〔註122〕楊順安：《台灣道教喪葬禮俗之研究——以旗山鎮為例》（台南：國立臺南大學台灣文化研究所碩論，2011年），頁24。

〔註123〕楊順安：《台灣道教喪葬禮俗之研究——以旗山鎮為例》，頁25。

〔註124〕許淑娟：《國家與地方：旗山鄉街的時空發展過程（1700s～1945）》，論文摘要。

〔註125〕鍾壬壽：《六堆客家鄉土誌》，1973年，頁70。

後〔註126〕。康熙 60 年（1721）爆發朱一貴之亂，由於大規模動盪，促使各地村庄各按原鄉語音集結互保，逐漸分類別居，埋下閩、客籍長期而頻繁的緊張對立關係。〔註 127〕在這爲求生存的族群鬥爭裡，客家人除了組織嘗會〔註128〕外，也開始發展有組織的自衛武力，促成客籍團練「六堆」社群的建立，這種區域性武裝勢力就是族群危機意識的展現。

美濃客家人其文化母體是延續自屏東平原的客族集團「六堆」，雖是源於戰鬥組織，其實也是一個有組織的拓墾集團。在清初族群衝突分類械鬥的過程中，客族受到西岸漳、泉籍閩南人的強勢進逼，開始東入開墾鳳山八社的地域，康熙四十年間，客人北進路線溯武洛溪而上，當時武洛社乃八社中最強悍的一社，但因此地土質肥沃，泉水充足，開發較易，因而冒險開墾，最多時達兩千餘戶。康熙五十八年（1719）《鳳山縣志》言：「自淡水溪以南，則漢、番雜居」，可見屏東平原移墾初期，平埔族人和閩客漢人混居過一段日子。康熙末年，荖濃溪、楠梓仙溪兩岸以及瀰濃溪下游的岸西，已有閩南人、客家人的村落。閩南有旗尾、手巾寮、牛埔、彌勒肚、塔樓、土庫、三張部、中萬甲、篤家等庄，客家人僅有武洛一庄。〔註 129〕客家人雖然看來勢單力薄，但他們能善用機會及組織，在朱一貴事件時，六堆協官平亂，以「平賊」爲由侵入篤家庄〔註 130〕，自此，閩客便常處於對立狀態。雍正十年（1732）吳

〔註126〕《台海使槎錄》援引〈理台末議〉：「終將軍施琅之世，嚴禁粵中惠、潮之民，不許渡台。蓋惡惠、潮之地素爲海盜淵藪，而積習未忘也。琅歿，漸弛其禁，惠、潮之民乃得越渡。」藍鼎元在《平台紀略》所觀察：「廣東潮、惠人民，在台種地傭工，謂之客子。所居莊曰客庄。人眾不下數十萬，皆無妻孥，時聞強悍。然其志在力田謀生，不敢稍萌異念。」參見簡炯仁：《再現台灣——高屏地區的發展》（台中市：莎士比亞文化出版，2009 年 4 月），頁 34～35。

〔註127〕利天龍、莊天賜、陳秋坤、曾坤木：《重修屏東縣志：人群分類與聚落村莊的發展》（屏東市：屏東縣政府文化處，2014 年 11 月），頁 59。

〔註128〕組織嘗會亦與下淡水地區客家人的危機意識有關，如《臺灣土地慣行一斑》所言，「六堆部落之粵民，因爲閩粵爭持之習，粵民爲團結一致，乃組織許多幫會，故當地屬於各種團體的土地甚多。」即下淡水地區的客家聚落，係處於閩人及平埔族的包圍之中，面對墾拓或其他原因所產生的利害衝突，客家人爲求團結一致，遂採取組織各類嘗會的方式置產耕墾。林正慧：《六堆客家與清代屏東平原》（台北市：遠流出版公司，2008 年 12 月），頁 127。

〔註129〕張二文：〈平埔文化在美濃——從美濃平原客家信仰習俗探討埔、漢文化合成〉，《大高雄地區 開發論文研討會論文集》，高雄縣自然史教育館 2001 年 3 月，頁 108。

〔註130〕「朱」案之後，閩、客關係惡化，河洛人吃鱉，客家人氣盛。屏東平原的客家人就「侵占番地，彼此相競，遂投獻武員，因而踞爲己有者」，搖身一變而

福生之役時，客庄派出壯丁護衛莊園，更將篤家至羅漢門之間的河洛人村庄，劃爲客家兵團的「防守」地區，可想而知當時閩庄旗山與客庄美濃之間關係緊張，敵我意識分明，械鬥事件層出不窮。

　　乾隆初年，原居於武洛庄的右堆總理、副總理林豐山、林桂山兄弟，感於武洛庄環境欠佳，又孤立於閩南聚落中，在閩客對立的狀況下，實無發展願景，因而帶領十六姓鄉親四十餘人，花了數年開墾新地，進而在溪北逐次建造屋舍，結聚成庄，成爲美濃地區最早出現的「瀰濃莊」。〔註131〕由於當年的屏東平原水利灌溉發達，客家先民廣鑿埤圳，待將水利設施開發後，耕地產量足以供養日增人口，聚落得以穩定發展。乾隆以後，客家大庄多種刺竹數重，培植茂盛，嚴禁剪伐，及其牢密，凡鳥鎗、竹箭無所施，儼然是防守嚴密的堡壘，然而客家人畢竟是少數，墾民需憑藉六堆鄉團的武力保護，才能入墾原住民地域，加上與閩南人的利益衝突，導致族群間衝突嚴重。瀰濃庄環村種植多重刺竹，開設四向柵門，每晚都要閉柵巡更監視，乾隆 20 年（1755）在東柵門興建城門樓，以高大堅實的防禦性建築，抵抗其他族群的激烈攻擊。乾隆 51 年（1786）爆發林爽文事件，南部莊大田也趁機起事，六堆鄉團聯絡聚集各堆壯丁，想趁亂局之勢進行擴張領域，但此舉激起蕃薯藔地區的閩人反擊，由牛埔方向攻打瀰濃，激戰於瀰濃庄西柵門外，激戰同時，南邊的中壇庄已被閩人攻入並放火焚庄，瀰濃地區陷入危急之中，幸賴屏東六堆鄉團派出大批壯丁趕赴救援，才退卻攻入中壇庄之閩人解除瀰濃立基之危，但六堆鄉團卻聯合原住民趁勢侵入蕃薯藔與楠仔仙地區的閩人聚落，騷擾街市進行焚搶擄掠。〔註132〕此戰役讓蕃薯藔街與瀰濃結下深仇大恨，閩客人民水火不容。

　　自清朝以來，旗美閩客關係緊張，小則人群械鬥大則攻庄佔地，一連串的衝突與侵略舉動摧毀了族群和平共處的互信基礎，聚落間的互動往來因此受限。清朝官員希望平息族群衝突，曾立「同心赴義」石碑，地方耆老盧文

　　　　成官庄的地主，以「港東、西二里尤甚」（按：美濃庄位於港西里）。簡炯仁：《再現台灣——高屏地區的發展》，頁 36〜37。

〔註131〕根據伊能嘉矩《大日本地名辭書・台灣》的記載，乾隆初年，屏北的客家人即越渡荖濃溪進墾美濃地區（舊稱瀰濃）。簡炯仁作：《再現台灣——高屏地區的發展》，頁 30。

〔註132〕李允斐、鍾榮富、鍾永豐、鍾秀梅合著，《高雄縣客家社會與文化》（鳳山市：高雄縣政府，1997 年），頁 43〜45。

科表示：

> 清道光二十一年，在施里莊，閩南、廣東和平埔族械鬥非常激烈，
> 其中河洛族較兇惡，大傑顛社藉酒引起暴動，按察使姚瑩為改善他
> 們的衝突而出來調停和解。當時英、荷侵略台灣，大家議定共同抵
> 抗外侮，於是立了「同心赴義」四個大字的石碑作為紀念，小字的
> 內容如下：「籌備防夷，閩粵番三籍，大和共心，一矢捍禦外侮，深
> 堪嘉尚，乃建防以備久遠。」〔註133〕

福建按察使姚瑩至蕃薯蓁勒刻石碑建坊，目的就是希望此地閩、客、番三族
群能停止械鬥，和睦相處，共禦外侮，看的出清朝以降，旗山閩南人與美濃
客家人間的嫌隙衝突由來已久，兩地雖有偶有商業往來，但庄民間族群意識
清楚對立，文教交流亦少，直至日治以後，新的異族殖民政權介入台灣，閩
客關係才開始有了新的發展。明治38年（1905）11月8日《台灣日日新報》
曾報導：

> 蕃薯蓁廳轄內，閩粵蕃黎雜處之地，兇悍成性，口角細故，輒舉刀
> 弄劍，習以為常。故舊政府時代，閩粵兩族，干戈相見，無年不有，
> 致鎗殺銃斃者，不勝其數。……令兩族靈位合埋鼓山，立大石碑，
> 上刻鍾靈獨厚四大字，俾其兩族同祭，則夙怨可消矣。〔註134〕

日治初期蕃薯蓁街已是廳內行政與商業中心，族群接觸無可避免，為了消弭
閩客番的矛盾衝突，明治38年（1905），石橋亨廳長於鼓山公園立下「鼓山
招魂碑」，額刻「鍾靈毓秀」四大字，下方碑文提到：

> 誠難閩與粵之東西列陣也，前清國時釁隙頻生，難免干戈擾動，故
> 自乾隆年間以來，屢屢械鬥情狀，傷斃命者均有。……我蕃薯蓁廳
> 署之側有鼓山，地脈遠來，鍾靈毓秀。可追溯當日閩粵斃死靈魂，
> 與其閩籍立一義勇公廟於旂尾庄，粵屬設一義勇公廟於大路關庄，
> 曷若將諸靈魂集合於鼓山頂招魂同社，以為閩粵人子若孫享祀不
> 忒。昔也視如仇讎，今也聯若兄弟，異氣儼如同氣，佛情各具順情。
> 死者已為沾恩，生者亦永為感德，則閩與粵自無含冤抱恨之苦衷焉。

〔註133〕 呂順安主編：《高雄縣鄉土史料 耆老口述歷史叢書9》，台灣省文獻委員會（南
投市：省文獻會出版，1994年11月），頁145～146。

〔註134〕 《漢文台灣日日新報》，第6版，1905-11-08。內文提到：「上刻鍾靈獨厚四
大字」，經驗證應為額刻「鍾靈毓秀」四字，目前此碑輾轉收藏於旗山區公所
內。

雖然閩與粵不僅後先和睦之一端，而有公共利益之義務及培育人才
之資用，尤當彰明較著者也。有如蕃薯藔區柯必從，龍肚區鍾丁伯、
涂伯清，月眉區陳大英、張瑞何等莫辭況瘁，僉資俾圳開通，不惟
有益於身心，亦且有利於家國。更有如溪洲區陳大俊素本慷慨義舉，
願將自己五十餘甲之田園大租金，獻納爲崇文書院費用，觀音亭區
游化爲萃文書院發起人，瀰濃區林其英等捐資立產，施渡後人，于
明治三十八年有二十余甲田園爲瀰濃公學校寄附。〔註135〕

閩客不和，流血衝突在所難免，文中希望能整合閩客籍人分別建立的義勇公
廟，於鼓山頂招魂同社合祀，盼三族群能共嬉遊以消弭怨憤，化解長年宿怨，
更表揚廳內閩客籍仕紳，包括建立書院、公學校培育人才者，或者是有開鑿
埤圳以利後世子孫者，皆立碑爲文以褒揚善人，促進地方和睦，可見用心良
苦。碑後出現廳下各街庄區長署名，包含地方仕紳認同背書，〔註136〕明顯帶
有國家統治力介入監督的意味。明治 40 年（1907）年 12 月，臺灣總督佐久
間佐馬太來訪蕃薯藔廳，遊鼓山公園之際，了解閩客族群爭鬥歷史，有感而
發寫下「精忠護國」四字，剴切訓示曰：「該地方之歷史，從來廣東人福建人
之軋轢殊甚，今日已能和睦一致，實可爲國家慶也。臺灣既歸日本領土，則
福建人廣東人母國人，均爲日本天皇陛下之赤子，將來望能同心協力，已舉
事功。」〔註137〕隔年，石橋亨廳長將總督手書刻石，立爲「精忠護國碑」，一
方面紀念日本統治初期三十三名地方殉職之官員，主要仍是爲了化解當地
閩、粵籍心結，招攬民心。一直到大正 9 年（1920）所立的「鼓山公園記」
碑，亦可見「閩粵之鬥□□□□□所以使三族□□□□□於化日光天之下以
泯消」〔註138〕原碑文雖殘缺不全，仍可看出日本官方對消弭閩客衝突的重視。

〔註135〕見〈台灣記憶──臺灣碑碣拓片──鼓山招魂碑文〉，《國家圖書館》，網址：
　　　　 http://memory.ncl.edu.tw/tm_cgi/hypage.cgi?HYPAGE=index.hpg，檢索日期：
　　　　 2014 年 8 月 10 日。
〔註136〕碑文上署名有莊塗（蕃薯藔廳參事）、周純臣（蕃薯藔廳參事）、黃耀光（蕃
　　　　 薯藔廳參事）、陳日成（蕃薯藔區街長）、陳星輝（溪洲區庄長）、陳連生（龍
　　　　 肚區庄長）、陳忠修（觀音亭區庄長）、蘇玉輝、劉炳華（中云區庄長）、宋守
　　　　 四（瀰濃區庄長）、唐肇堯（月眉區庄長）、丁爾音（古亭坑區庄長）、呂保生
　　　　 （山杉林庄長）、劉元和（阿里關區庄長）、何發（溝坪區庄長）、江德明（六
　　　　 龜里區庄長）。見劉家宏：《旗山市街發展之研究》，頁 87。
〔註137〕《漢文台灣日日新報》，第 2898 號，明治 40 年（1907）12 月 28 日，第 2 版。
〔註138〕〈台灣記憶──臺灣碑碣拓片──鼓山公園記〉，《國家圖書館》，網址：
　　　　 http://memory.ncl.edu.tw/tm_cgi/hypage.cgi?HYPAGE=index.hpg，檢索日期：

　　旗山位居交通樞紐，與鄰近區域關係密切。清代蕃薯藔街因處銜接府城
與屏東平原的沿山位置，成為羅漢門中心，也因位處漢番、閩客衝突區域，
加上清廷消極處理，導致族群關係緊張，商業往來稀少。日治時期，因官方
積極治理，在政策、經濟與交通同步發展，加上官方與地方仕紳合力呼籲消
弭衝突，開啓蕃薯藔與美濃兩地間的合作契機。儘管如此，族群間的居住界
線仍不易打破，參照昭和 10 年（1935）旗山街管內各大字別種族別人口數：

表 2-8　昭和 10 年（1935）旗山街管內各大字別種族別人口數表

地區 族群 〔註139〕	內地人	朝鮮人	本島人				中華 民國人
			福建系	廣東系	平埔族	高砂族	
旗山	614	8	6497	415	96	0	328
北勢	4	0	1027	7	1	0	1
圓潭仔	21	0	617	895	632	0	0
溪州	14	0	5496	51	8	0	0
磱碡坑	18	0	1649	46	85	0	0
旗尾	314	0	1695	273	9	0	0
手巾寮	69	0	577	393	6	0	0

資料來源：「國勢調查結果表」轉引自《旗山鎮志》，第三篇住民，旗山鎮公所，2006
　　　　　年，頁 343。

清代多用「閩庄」或「粵庄」，日人則稱「福建人」、「廣東人」，很少用「福
佬」或「客家」稱呼。所謂粵庄包括嘉應五屬的客家庄、廣東省潮州府附近
及其他各縣人遷台居住的村庄。〔註140〕清康熙時期因朱一貴、吳福生事件後，

　　　2014 年 8 月 10 日。部分字句因傳抄疑慮難以確認，或因時代久遠出現脫字
　　　卻無處可考，缺疑處爲避選字錯誤，皆以□代之。
〔註139〕表格中內地人爲日本人，中華民國人爲中國大陸人。福建系人口依祖籍可細
　　　　分爲：福州府（福州人）、泉州府（泉州人）、漳州府（漳州人）、汀洲府（客
　　　　家人）等。廣東系的人口依祖籍可細分爲潮州府（潮州話）、嘉應州（四縣腔
　　　　客家話）、惠州府（海陸腔客家話）等。參見楊順安：《台灣道教喪葬禮俗之
　　　　研究——以旗山鎮爲例》，頁 28。
〔註140〕鍾壬壽主編：《六堆客家鄉土誌》，頁 345。

屏東平原的閩客族群已因相互慘殺，形同水火。乾隆時期又發生黃教、林爽文民變，征伐之間，上至富戶、下至民佃，各自搬遷以謀自保。各聚落原本族群混雜、異籍而居的情況，逐漸有所調整。〔註141〕根據上列表格，昭和10年（1935）旗山大字的主要族群為仍閩南人，其次為日本人、客家人以及中國大陸人，清楚看出日治以來，閩南庄與客家庄仍然壁壘分明。雖然族群群居現象難以打破，但少了開墾時期為爭地護庄所產生的械鬥衝突，居民生活日漸安定自足，互動也隨之頻繁。況且在殖民政策下，統治者眼中沒有閩客之分，日籍台籍才是社會的主要分流，不論閩南或客家都是台灣人，就算任公職，也不可能超越日本人，在這樣的社會背景與生活形態下，以往強烈的閩客意識與界線也隨之鬆動〔註142〕，以旗山地區而言，在日治中期已有許多美濃人到旗山開業，美濃民眾也能經常進入旗山市街購買生活用品了。

　　旗山街寺廟繁多，除了天后宮、福德祠、五帝廟外，民國38年（1949）建於旗尾山腳下旗美褒忠義民廟，是旗山民眾為求六畜興旺、民生繁榮，而特地前往香火鼎盛的新竹縣枋寮義民廟分香所建。義民廟主要為客籍人士所供奉，據當地耆老盧文科說法：

> 聽說此地陰魂不散，豬養不活。我在想，可能當年河洛人與客家人常爭吵、打架，被打死、冤死的那些人在作怪。那一間義民廟我有進去看，但他們又說是新竹的湖口請香火下來，大部分是牛埔的人及一些客家人在拜。〔註143〕

明治時期台灣北部樟腦油採盡，大批桃、竹、苗客家人帶著械具南到旗山，進入山區開採樟樹，定居旗山，因此請香火祭拜的說法可信。不論義民廟是為祭祀閩客械鬥冤魂或是移民分香，都可知早期地方上族群對立嚴重，時有死傷。

　　在旗山鼓山下北面山窩，也有一座三山國王廟，根據廟誌所言，此廟乃

〔註141〕利天龍、莊天賜、陳秋坤、曾坤木：《重修屏東縣志：人群分類與聚落村莊的發展》，頁176。

〔註142〕利天龍認為「殖民政府的閩粵和睦政策」目的在「拆解六堆」。明治30年（1897）10月以後，六堆粵境一度被拆解，分由阿里港、內埔、阿猴、萬丹、林邊五個辦務署管轄。明治31年（1898）6月，內埔辦務署撤廢，六堆核心的內埔庄失去了行政機能。大正9年（1920）當局實施行政區域改正，……，閩粵和睦的政策自此由原先的「堆」，落實到更底層的「庄」。……殖民當局提供的「閩粵和睦」政治平台，無疑擴大了福客之間的交流。利天龍、莊天賜、陳秋坤、曾坤木：《重修屏東縣志：人群分類與聚落村莊的發展》，頁185～187。

〔註143〕呂順安主編：《高雄縣鄉土史料 耆老口述歷史叢書9》，頁151。

大正 13 年（1924）由曾金輝自屏東九如鄉「三山國王廟」分靈至旗山恭奉，爾後建壇。〔註 144〕當年張天師來旗山參加三山國王廟開廟時，蕭乾源也曾邀張天師至家中作客，並合影於蕭家樓二樓。一般而言，「三山國王廟」是客庄敬仰的守護神，能在旗山閩庄出現，可見民眾開始能跨越族群地域之分，接納尊重客家信仰。以閩南族群為主的旗山地區，日治時期在官方的主導及仕紳的努力下，開啟了閩客合作交流之門，加上旗山市街為地方政治、交通和經濟中心，社會人口流動頻繁，面對不同族群及信仰，居民逐漸能以開放與包容的態度應之，對於地域與族群間的狹隘偏見也不再強烈，這也是閩客關係和緩之證。戰後加上大陸各省來台人員，使旗山族群更多樣化，成為平埔、閩南、客家、外省族群的大熔爐。

照片 2-15　蕭乾源先生與第六十三代張天師合影於蕭家樓二樓
照片來源：《旗山奇》網站，照片左邊為蕭乾源，右邊為張天師

〔註 144〕劉家宏：《旗山市街發展之研究》，頁 165。

綜觀客家移民入墾屏東平原，建成聚落後的歷史，基本上是由清末的「粵人自治」，發展到被國家收編的過程。日治時期的地方殖民官員，採行閩粵和睦的統治政策，先是收編六堆組織藉以安定地方，繼而調整行政區域，打破原本封閉的粵境。在新的行政區域內，閩客雙方的合作與交流得以深化，聚落的組成也有了新的質變。〔註145〕昭和10年（1935），來自旗山的旗峰吟社和美濃諸吟友已同聚於美濃「廣善堂」，共組「旗美聯吟會」，活動辦得有聲有色，拉進了旗山美濃兩地詩人情誼。昭和16年（1941）在漢詩擊缽吟詠的興趣同好下，旗山黃石輝和美濃朱阿華進一步合辦可以聚首兩地詩人的「旗美吟社」，更證明閩客兩庄人際互動的頻繁及友善。關於旗美吟社創立之因，《美濃鎮誌》說到：美濃朱阿華有次至旗山買豬肉偶遇詩人黃石輝，兩人筆對後發起共組詩社，詩社中旗山、美濃兩地社友經常無法言談只能筆對，但卻互相欽羨欣賞。日治以降旗山市街不斷擴張發展，成為區域的行政、商業及交通中心，閩客間的互動更加頻繁，在官方積極介入及地方有力人士的背書下，日治時期閩客間已少有械鬥事件，因此當旗峰吟社發展之際，美濃庄與旗山大字兩地間的仕紳文士也漸能放下清代以來的恩怨仇懨，開始以詩為盟，以文會友，一同擊缽聯吟，更加淡化原本旗山閩南人和美濃客家人的對立關係，落實閩客族群的兼容意識。

日治以來，一連串以詩社為名的文化交流帶動旗美地區文風日盛，在兩地政治、社會與經濟互動良好的情況下，這種以詩為盟，以「人」為本體的族群互動，明確化解了清朝以降兩地間的仇視心態，有效緩和閩客長期以來的緊張對立。昭和4年（1929）旗峰詩社成立之際，正值傳統書院衰落，詩社成為公學校之外的重要學習場所，從旗峰吟社的創社，發展至旗美聯吟會的交流，最後促成旗美吟社的成立與各項詩社活動，一連串的文化盛事，不僅在旗山美濃地區播下更多文學種子，固守地方傳統的漢學基礎，也逐漸融合族群消弭紛爭。儘管閩庄、客庄的習慣與界線不易打破，但在政治勢力的同化、社會秩序的安定，以及經濟生活的繁榮發展中，兩地間的對立關係日趨緩和，加上詩社文藝的交流，更直接柔化彼此間根深柢固的族群意識。從康熙到日治這兩百多年以來，族群的對峙與矛盾雖非一朝一夕、一人一事可化解，但兩地詩人透過聚會合辦旗美聯吟會與旗美吟社，不只以文會友，切磋詩藝，更能連繫兩地民眾情感，確實逐步消弭長期以來的閩客衝突。

〔註145〕利天龍、莊天賜、陳秋坤、曾坤木：《重修屏東縣志：人群分類與聚落村莊的發展》，頁189。

第三章　蕭乾源之生平與文學交遊

日治時期，台灣漢詩因傳統詩社的延續與發展，詩風古韻得以保留。1920年代全台詩社數量激增，爲台灣古典詩社發展的高峰期，在日本官員刻意籠絡與新式傳媒的引進下，漢詩成爲台日文人溝通交流的媒介，使得鉢聲遍地，吟詠不絕。期間，許多舊文人以詩爲器來「干聲名，諂權貴」，致使舊詩壇風氣日漸敗壞，遂引發激烈的新舊文學論戰〔註1〕，但古典詩社依舊蓬勃興起，足見當時社會傳統文人的地方勢力依舊強勢。

蕭乾源是地方上知名的實業家與詩人，因鍾情古典詩學而創立詩社，更肩負起地方漢學的傳授工作。他的作品多擊鉢課題之作，常出席各種詩人聯吟活動，與殖民政權友好，曾獲至日本遊覽考察，因此戰後不若抗議詩人般受人重視，唯有旗山在地民眾，才會眞正知曉蕭乾源苦心經營旗山文藝，提倡地方文風的認眞態度，江明樹先生更以「旗峰詩社的扛鼎詩人」譽之。

根據考據學批評觀點，一個藝術家（文學家）所處的時代，與家庭境遇、物質環境、心理情況都可能影響到他的作品，這一類歷史或傳記的釐訂與爬梳工作，能增益研究者對於作品的認識與評價。〔註2〕昭和4年（1929）蕭乾源倡議成立旗峰吟社，以青年之姿帶動旗山地區吟詩文風，努力延續區域漢

〔註1〕黃美娥〈對立與協力：日治時期台灣新舊文學論戰中傳統文人的典律反省及文化思維〉：所謂「新舊文學論戰」，狹義而言，當指新舊文人雙方在短期內有過一定數量的文字激辯，較能以論戰事之，如1924至1925年張我軍與舊文人之間的交鋒、1929年葉榮鐘與江肖梅的爭辯、1941年至1942年間林荊南與鄭坤五的論戰；廣義而言，則泛指一切新舊文人對此議題所發表的相關意見與活動，涵蓋1924至1942年零星而未集中於某一階段出現的言論。見陳大爲、鍾怡雯主編：《20世紀台灣文學專題I：文學思潮與論戰》（台北市：萬卷樓圖書股份有限公司，2006年9月），頁3。

〔註2〕參見周慶華：《臺灣當代文學理論》（台北市：揚智文化，1996年），頁187～188。

學，將漢詩文化發揚光大，或許在當代台灣古典詩史論述中少見，卻是引領旗山漢詩風騷的著名詩人。關於蕭乾源的文獻資料與相關文學紀錄不多，以下將就蕭乾源個人生平、生活事蹟以及文學交遊，重建詩人的生命歷程，了解其文學理念與價值觀，增益研究者對作品的理解。由於史料四散，重建過程除了彙整文獻外，也借重田野調查內容，只是因為時間久遠，部分轉述資料未必就是真實情況，稍有模糊不足處，有待日後修正補強。

第一節　蕭乾源之生平

一、家庭背景

　　蕭乾源本姓曾，為蕭家養子，四歲時被蕭水連先生自台南友人家帶回旗山撫養。蕭水連生於清朝旗山，娶了三位妻妾，但因沒有產下男丁，才會領養蕭乾源。照片 3-1（前）中，年輕的蕭水連仍留有清代髮辮，從衣著裝扮可知蕭家經濟頗為富裕。早期蕭水連經商作生意，與台南曾家因生意往來而結為好友，據蕭振中先生表示：阿公（蕭乾源）原來那邊（台南市曾家）有十八個兄弟姊妹（九男九女），家中經濟狀況也很好，不是因為養不起才將孩子送人當養子。他曾聽家人開玩笑說過：

> 阮台南阿祖跟旗山這個說：看你有甚麼方法可以讓他歡喜要跟你去，那時聽說阿公做囝仔時很愛吃鹹魚還是什麼，因為知道囝仔呷意，旗山阿祖要去的時，就帶鹹魚給囝仔吃，因為囝仔吃了也很歡喜，沒有不要來的意思，因為早期交通不太方便，出入攏是用走路的比較多，所以那時好像沒坐車，用人家在擔的籃子，從台南擔來旗山。……兩邊的經濟攏很好，因為姓蕭這邊攏無生查埔囝仔，才會把台南我阿祖那邊分我阿公過來這邊。〔註3〕

因為蕭家未有男丁，蕭水連才會領養友人之子，與妻施氏〔註4〕成為蕭乾源養

〔註3〕 口述資料為 2015 年 5 月 10 日，筆者至旗山東新街乾元藥局專訪蕭振中先生所得。

〔註4〕 蕭乾源養母逝世時，美濃詩人張琴龍曾作詩悼念之，〈蕭乾元詞長令堂施老太夫人輓詩〉：母儀足式百年長，遽蕚萱庭黯北堂。寶婺光沉天上宿，蓮花香現佛前廊。瑤池愴赴青鸞舞，華表愁看白鶴翔。蓬島歸仙留懿範，慈雲縹緲感哀傷。張琴龍著作兼總編輯：《旗美詩苑》第一冊（高雄縣：美泰印刷所，1985年 1 月），頁 105。

父母。儘管蕭乾源過繼爲蕭家養子，蕭、曾兩家仍往來密切，民國 45 年（1956）蕭乾源生父曾賜翁先生去世時，蕭乾源也回台南奔喪，由照片 3-2 中盛大的公祭排場可知，曾家亦爲台南當地望族。

照片 3-1　（前）蕭水連先生，（後）蕭水連先生家族合照：右四蕭水連、右二蕭乾源
照片來源：蕭振中先生提供

照片 3-2　民國 45 年（1956）6 月 2 日故曾老先生賜翁千古告別式紀念
照片來源：蕭振中先生提供

　　關於蕭乾源的出生年，資料上出現大正 1 年（1912，壬子年）及大正 2 年（1913，癸丑年）二種說法：江明樹〈旗峰詩社的扛鼎詩人——蕭乾源〉與黃文車《黃石輝研究》曾提到蕭乾源生於大正 1 年(1912)，在昭和 9 年(1934)《台灣實業名鑑》、《旗山奇》網站（旗山名人堂——蕭乾源）、陳淑滿：〈「旗山」地名沿革與其文化傳承〉、黃福鎮：《戰後高雄地區傳統詩研究》、游步廣：《當代旗山文化資產保存運動之研究（1990～2011）》中則認為蕭乾源出生於大正 2 年（1913）。前者說法可能根據民國 45 年（1956）12 月 20 日出版的《南台灣人物誌》所說：「蕭乾源今年四十四歲」，以及民國 54 年（1965）出版的《台灣人物誌》所載：「先生高雄縣人，與民國同庚。」因而推論蕭乾源出生於大正 1 年（民國 1 年）。然而，根據蕭振中說法：祖父蕭乾源生肖為牛，祖父在世時，每年農曆 2 月 25 日祖母蕭陳牡丹都會為丈夫過壽。〔註5〕比較日治《台灣實業名鑑》資料：蕭乾源生於「大正二年四月七日」（農曆為三月初一），不論是農曆換國曆或國曆轉農曆，兩者日期皆無一致的可能性，故筆者以目前存留最早史料為主要依據，加上詩人生肖、家屬提供的訊息等，判斷蕭乾源出生於大正 2 年（1913，癸丑）年 4 月 1 日（農曆 2 月 25 日）。〔註6〕

　　有關蕭乾源生平記載，根據日治時期《臺灣實業名鑑》台灣人物誌：

　　　姓名：蕭乾源／經歷：貸地業、米穀商／本籍：旗山郡旗山街二九

〔註5〕 口述資料為 2015 年 5 月 10 日，筆者至旗山東新街乾元藥局專訪蕭振中先生所得。

〔註6〕 因學者資料多半互相引用，致使時間可能有所衝突：陳淑滿論文 121 頁提到：「旗峰吟社（又稱旗峰詩社）創立於民國 18 年農曆 2 月 1 日」，123 頁處又說到蕭乾源「1913 年出生，19 歲時，便廣邀旗山當時文士成立旗峰吟社。」文中並未說明年代來源，但若依其時間，則詩社成立之年應後推為昭和 6 年或昭和 7 年（1932）而非昭和 4 年（1929），前後矛盾，說法有待商榷。黃福鎮論文 13 頁說法也與陳淑滿相同，認為「蕭乾源筆名資生，1913～1984，19 歲成立旗峰詩社。」，但若依 51 頁所說「旗峰詩社創立於 1929 年」，以此推算蕭乾源出生年則為 1910 或 1911 年，前後說法明顯矛盾。此外，根據旗山耆老吳尚卿所言：「旗峰詩社於光緒二十九年（1903），由蕭乾源先生創立的。他的絕句、律詩、長詩都很行，早年曾參加全省詩人比賽獲得第一名，有『詩狀元』之稱。他是一個重要領導人物，曾經在旗山舉辦全省的詩人大會，當時詩風鼎盛，旗山人莫不引以為傲。」（呂順安主編：《高雄縣鄉土史料 耆老口述歷史叢書9》（南投市：省文獻會出版，1994 年 11 月），頁 150。）文中提及詩社創立於 1903 年，但 1903 年為明治 36 年，當時蕭乾源尚未出世，更遑論成立旗峰吟社。以上包括記憶有誤、口誤或資料引用錯誤等，導致年代錯置，需再釐清。

七／住址：本同／生日：大正二年四月七日生〔註7〕（《臺灣實業名鑑》）

此外，戰後編纂的《南台灣人物誌》中曾介紹：

姓名：蕭乾源／性別：男／學歷：中醫師考試及格／經歷：開設成診所、旗峰吟社社長／住址：高雄縣旗山鎮竹峯里文中路四十五號〔註8〕

蕭乾源先生今年四十四歲，曾參加中醫師考試，一舉成名，現在高雄縣旗山鎮竹峯里文中路四十五號開設成診所，懸壺濟世有年，救危活人無數，為人豪爽慷慨，樂善好施，富有革命精神，於民國庚午年鼓勵青年同志，維護民族正氣，創立旗峰吟社，雖常受日警監視，集會困難，但蕭氏以不屈不撓之精神，藉高山古刹為掩護，秘密集會，共同維護祖國文化之大計。之後，河山光復，日本投降，乃繼續努力鼓吹中興，以期達成為國民者之使命。〔註9〕

之後出版的《台灣人物誌》中也提到：

（蕭乾源）少聰慧，富民族思想，自修漢學並鑽研我國傳統醫藥之學。……光復後，參加考試院舉辦之中醫師考試，一舉成名，極為地方人士所讚賞，乃懸壺濟世，蜚聲全台。先生別號資生，平日以詩文自娛。所作詩文，詞句清新強勁，發人深省，極為儕輩所推崇。遂受聘為高雄縣文獻委員會委員，旗峰詩社社長鼓山國民學校顧問，旗山鎮農會評議委員，對整理典籍，發揚國粹，厥功至偉。先生尚有老母在堂，子榮宗已成立。現任高雄縣國藥公會常務理事，並兼旗山警民協會理事，有二男孫二女孫，二女亦已于歸，盛年即已子孫滿堂可謂福祿深厚者矣！〔註10〕

〔註 7〕《臺灣實業名鑑》，《國立台灣圖書館》，網址：〈http://hyerm.ntl.edu.tw/ntlerm/ resource.jsp?esource_classify=databases&esource_pagetype=〉，檢索日期：2014 年 8 月 23 日。

〔註 8〕《國立台灣圖書館──南台灣人物誌──蕭乾源》，網址：〈http://hyerm.ntl.edu. tw/ntlerm/resource.jsp?esource_classify=databases&esource_pagetype=〉，檢索日 期：2014 年 8 月 23 日。

〔註 9〕根據照片 3-3（前）《南台灣人物誌》蕭乾源剪報資料之文字內容。

〔註10〕根據照片 3-3（後）《台灣人物誌》蕭乾源剪報資料之文字內容。

根據以上資料可知，蕭乾源日治時曾從事過貸地業〔註 11〕、米穀商、煙草專賣商，戰後通過中醫師考試，在旗山當地開設診所，經營「乾元藥行」，曾擔任旗峰詩社社長、高雄縣文獻委員會委員、鼓山國民學校顧問、旗山鎮農會評議委員、高雄縣國藥公會常務理事，以及旗山警民協會理事等。

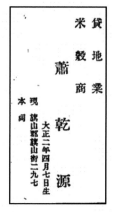

圖 3-1　昭和 9 年（1934）《臺灣實業家名鑑》實業家（旗山大字）──蕭乾源
資料來源：日治時期期刊全文影像系統

照片 3-3　（前）（中）民國 45 年（1956）《南台灣人物誌》蕭乾源剪報資料
（後）民國 54 年（1965）《台灣人物誌》蕭乾源剪報資料
照片來源：蕭振中先生提供

〔註 11〕殷章甫：「昔時，產業未發達，大多數人民均以農業生產作爲最主要的生業，在農村普遍缺乏投資管道，所謂有錢的富豪商賈只要有儲蓄，便集資購置農地，再將其出租供無地農民耕作，收取地租成爲所謂「貸地業」（日治時期的稱呼，即地主或業主之意）的地主階層。」殷章甫：〈土地改革〉，網址：http://hc.nccu.edu.tw/public/att/bbf26af38f243f26e0ee77246048e8df.pdf，檢索日旗 2015 年 3 月 2 日。

　　日治時期蕭家爲旗山當地仕紳望族，先祖蕭水連因經商有成，興建蕭家大厝，資產可觀。蕭乾源自小家境優渥，因此有能力創立並支撐起整個詩社的大部分開銷。當時蕭厝座落於旗山五保，門面約是一般商家的兩倍大，洋樓山頭與門與窗皆有造形裝飾，鑲貼當時流行且高貴的磁磚，門面上嵌有自家姓氏「蕭」與「協記」二字，是旗峰吟社每週聚會擊缽、每月徵詩收件的事務所。蕭振中表示，嵌有協記二字的洋樓爲住家，右側才是營業商店。

　　日治時期蕭乾源經營「專賣品乾元日□」〔註12〕，店門口高掛「煙草小賣所」（零售商）〔註13〕，回顧台灣總督府專賣事業，菸、酒兩類因本小利多，吸食者日眾，成爲中後期台灣專賣事業的主要財源，除對官方財政有可觀貢獻外，總督府還透過遍及全島的「專賣品販賣權指定」給予地方仕紳特權，藉以籠絡人心，有利於統治。根據當局者所標榜的特許者詮衡方針，主要有三項：一是有地方信望、有確定的資產信用而能對賣捌事業充分活動者；二是多年勤務於官界而其功勞顯著者；三是對台灣統治上有種種貢獻者。〔註14〕因爲專賣品的利潤豐厚，爭取者眾，被視爲一種高報酬的利權。蕭乾源身爲地方上有聲望、有充裕資產，能配合專賣事業活動者，自然有機會獲得擔任專賣物品的零售商。日治時代，偶爾會有商店擺設陳列比賽，蕭振中表示：「阿公（蕭乾源）做囝仔時，很喜歡自己弄一些有的沒的，所以他的店鋪擺設都用得很漂亮，不時都會得獎。」照片中，蕭乾源不僅擁有旗山市街零售煙草的專賣利權，還多次參加官方舉辦的「店鋪陳列競技會」，獲得煙草特等賞及特等入選等殊榮，可見詩人在地方上具有一定的聲望及地位。

〔註12〕　根據照片 3-4（前）可知店門上寫著「專賣品乾元日□」，無法辨識處以□代之。
〔註13〕　日治時期台灣總督府開始實行煙草的專賣事業，由中央統一種植及販賣，菸製品的販賣採配銷制度，初期爲三級制，於 1914 年改爲二級制：賣捌人（配銷人）與小賣人（零售商）。之後就各分局處所轄支配銷區域，劃分若干個煙草賣捌區（賣捌爲日語，爲「批發」之意），每一「煙草賣捌區」設一個「煙草賣捌所」，由專賣局指定配銷人（賣捌人）。〈賣捌所〉，《文化部——全國藝文活動資訊》，網址：http://event.moc.gov.tw/ct.asp?xItem=1892116&ctNode=730&mp=1，檢索時間：2015 年 5 月 22 日。
〔註14〕　〈專賣品的販賣——要委公開團體，不該擁護私人〉，《台灣新民報》「社說」，第 371 號，昭和 6 年 7 月 4 日，第 2 版。

照片 3-4　　（前）店鋪陳列競技會煙草特等賞蕭乾源
　　　　　　　（後）昭和拾壹年度店鋪陳列競技會煙草特等入選旗山蕭乾源
照片來源：蕭振中先生提供

照片 3-5　店鋪陳列競技會煙草特等賞蕭乾源
照片來源：蕭振中先生提供，照片人物爲蕭乾源。

　　戰後蕭乾源與人合夥販賣中藥材，民國 43 年（1954）蕭乾源考取中醫師，才與人拆夥自家開設「乾元藥行」。照片 3-7 左邊第一間爲「西湖公共食堂」，就是日治時期的「天外天料理店」，左邊第二間爲「乾元藥行」，左邊第三間則是祖厝蕭家樓，第四間矮房早期爲「專賣品乾元日□」店鋪。早期蕭家樓附近的地多爲蕭家所有，但在民國 50 年之後，因親戚惡性倒會，使得好意

作保的推薦人（蕭乾源）須負連帶賠償責任，加上爆發旗山鎮農會放款專員劉發引盜蓋印章事件，導致蕭乾源必須給付巨大金額予旗山鎮農會，儘管被害人極力陳情，依舊被法院駁回，蕭家大量不動產遭到變賣，蕭家樓也因為這個事件遭到旗山鎮農會處置，幸而蕭振中姑丈從農會手中買回，一家人還能繼續住在祖厝中。但後來姑丈因生意不順利，又將蕭家樓的產權過戶給他人，民國 70 年初蕭家人搬離祖厝，約有七、八年的時間在對街租房，至民國 78 年（1989）全家才遷至今日東新街上。這棟曾經矗立於文中路上的磚造騎樓綜合式洋房，幾經轉手終究難逃拆毀命運，就在民國 94 年（2005）2 月 1 日被新地主夷為平地，當時曾景釗曾賦詩〈蕭家樓古蹟夷平感賦〉弔念之。

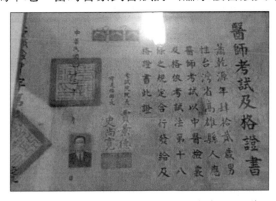

照片 3-6　蕭乾源中醫師考試及格證書　照片來源：蕭振中先生提供

照片 3-7　光復後的蕭家樓與乾元藥行　照片來源：蕭振中先生提供

　　身爲家中唯一男子，蕭乾源十分孝順，有責任心。蕭振中提到：曾聽阿媽（蕭陳牡丹）說起，阿公（蕭乾源）年輕時很孝順，那時要去日本幾天而已，阮阿祖已經很捨不得了，如果要去日本讀書或發展，不僅阿祖不放心，阿公自己也會擔心。〔註 15〕身爲實業家與悟眞社主事的蕭乾源，一方面經商營生，投入社會事業，一方面擔任旗峰吟社社長、財務幹事，並提供自家祖厝爲詩社事務所，成爲詩社成功運作背後最重要的推手。旗山畫家呂浮生曾說：「沒有蕭乾源先生，就沒有『旗峰吟社』。」〔註 16〕蕭乾源做人率直、豪爽、慷慨，包括潮州「雙管齊下」名書法家兼詩人蔡元亨、大甲詩人王清彬，及美濃詩人都十分推崇蕭乾源的人品及詩藝。根據旗山耆老吳尙卿所言：蕭乾源絕句、律詩、長詩俱佳，早年曾參加全省詩人比賽獲第一名，縣長陳皆興曾題匾相贈。現在旗山東新街上的乾元藥行店面處，懸掛著蔡元亨致贈的「獨占鰲頭」匾額，店面旁的住家客廳，仍可見于右任、賈景德、張道藩、白崇禧、楊雨河等大老墨蹟，肯定其對漢詩的堅持與貢獻。

　　蕭乾源曾兩次在旗山舉辦全省詩人大會，是難能可貴的地方文化盛事，可惜民國 73 年（1984）農曆 5 月 10 日，因中風逝世，社運陷入停擺，詩社一度沉寂幾近解散，所幸十年後在地方有志之士的復興下，已有再起之勢。蕭乾源努力深耕旗山文化，出錢出力，終生推廣傳統詩學的精神令人敬重，前任社長曾景釦多次於社慶時作詩自勵，期能效仿「乾源設帳培桃李」〔註 17〕綿延社運，將雅韻詩風傳於桑梓，民國 87 年（1998）旗山地方人士更以詩人之名成立「蕭乾源獎」，希望藉此鼓勵蕉城後學創作，推廣文學之美。

〔註15〕　口述資料爲 2015 年 5 月 10 日，筆者至旗山東新街乾元藥局專訪蕭振中先生所得。

〔註16〕　江明樹：〈旗峰詩社的扛鼎詩人──蕭乾源〉，網址：http://www.chi-san-chi.com.tw/2culture/index.htm，檢索日期：2014 年 1 月 4 日。

〔註17〕　〈旗峰吟社六十五週年誌慶〉：「一幟飄飄六五經，揚輝旗鎮契詩情。騷風蔚起擎天柱，筆氣滋生擲地聲。繡虎雕龍傳逸韻，敲金戛玉縱吟旌。乾源設帳培桃李，緬憶先蹤敬意生。」見曾景釦：《溪山嘯詠集》，《旗山奇》，網址：http://www.chi-san-chi.com.tw/2culture/db/jin_jwoa/c_san_shoaw/index.html，檢索日期：2014 年 12 月 23 日。

照片 3-8　蔡元亨題贈蕭乾源之匾額及墨寶
（上）獨占鰲頭，蕭乾元先生全國詩人大會掄元紀念
（右）賀蕭乾源先生題延平詩集全國徵詩高中雙元
照片來源：蕭振中先生提供

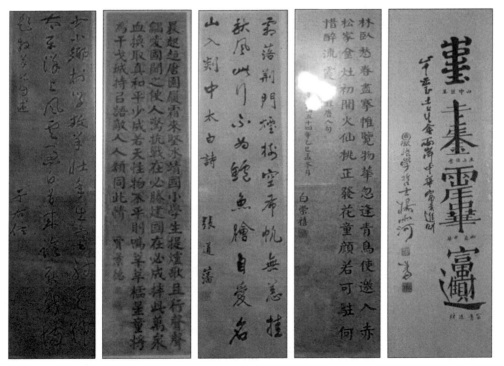

照片 3-9　蕭乾源家中珍藏之名家墨寶，由左而右依次為：于右任、賈景德、張道
　　　　　藩、白崇禧、楊雨河
照片來源：蕭振中先生提供。

　　蕭乾源夫人蕭陳牡丹，本姓陳，嘉義朴子人，被旗山福州人阮寶治收養，為阮文仁之姐。阮寶治具抗日意識，在旗山市街（五保）經營料理店天外天，藉此隱匿身分與對岸福州親友，以及各地抗日分子聯絡。噍吧哖事件後，出生於甲仙的江保成移居旗山，被阮寶治所領導的中華會館吸收，負責招集台南、高雄兩州人民參加抗日，〔註18〕簡文敏依據抗日華僑事蹟登載，與江保成聯絡或支助者，包括阮寶治家族、嚴振貴、王槐三、林家灼、黃華山、張賜、王明義、丁成、邱春來等，成員分別為閩南與客家華僑。〔註19〕阮寶治為「小林事件」領導者，後因抗日身份曝光，入監拷問，出獄不久即病逝。〔註20〕

　　根據《台灣民報》報導，昭和4年（1929）3月12日高雄中華會館於午前八時起舉辦孫中山先生四週年追悼紀念會，會場懸掛「精神不死」匾額，直聯一對「奮鬥四十年無非為中華民族謀釋放，精神永久不滅願死後革命事業境完成」。同日旗山中華會館華僑以天外天階上為會場，由阮寶治擔任主席，開孫氏追悼會，出席會員八十餘名。〔註21〕當天屏東中華會館也在屏東日春樓舉辦孫總理追悼會，報導指出：

　　　三月十二日為孫中山先生的紀念日，這天在台灣各地，不論華人或
　　　臺人都用著種種方法去追悼。屏東中華會館亦於這天在日春樓開追
　　　悼會，招請了許多來賓，和新聞記者。但警察的神經過敏，趨於極
　　　端，不許台灣人赴會，見某記者赴會時，立即叫去注意說：「今天的

〔註18〕 噍吧哖事件後，林獻堂在日本奈良接受梁啓超建議不再以武裝抗日，開啓了
　　　　台灣知識分子另一階段的對日抗爭，事實上武裝抗日仍未止息，仍在暗地裡
　　　　活動，1933年（民國22）年的「小林抗日事件」即是。1932年由阮寶治所領
　　　　導的旗山中華會館，吸收住在旗山觀音媽廟的江保成為同志，展開了另一波
　　　　秘密抗日活動，江保成即是「噍吧哖事件」余清芳、江定的部下，原是甲仙
　　　　鄉人，曾參加攻擊南庄派出所的任務，事後被捕獲不起訴釋放，挽回一條寶
　　　　貴生命，但他對日警統治的毒辣手段極為不滿，加上噍吧哖事件的積仇，期
　　　　待有朝一日能推翻日人統治，把日人趕出台灣。見江明樹：〈小林抗日事件〉，
　　　　《旗山奇》，網址：〈http://www.chi-san-chi.com.tw/2culture/index.htm〉，檢索日
　　　　期：2014年8月30日。
〔註19〕 簡文敏：〈族群文化與歷史記憶機制——以甲仙地區抗日事件歷史記憶為
　　　　例〉，《高雄文化研究》，2007年12月，頁99。
〔註20〕 阮寶治抗日身分曝光，被抓進牢獄拷問，罰站不得睡覺，精神體力衝擊過大，
　　　　被關出來沒多久病逝。見江明樹：〈旗山風化小史（上）特種行業的變遷〉，《旗
　　　　山奇》，網址：〈http://www.chi-san-chi.com.tw/2culture/db/ming_shu/sex_career/
　　　　index.html〉，檢索日期：2014年8月30日。
〔註21〕 《台灣民報》，第253號，昭和4年3月24日，第7版。

會，除中國人外不許參加，你可下去樓下等待，要喝酒時再上來吧！」
聽說某記者對此非常憤慨。〔註22〕

同年六月《台灣民報》另一則「孫總理奉安祭　中華會館遙拜祭」報導寫道：

旗山華僑於六月一日正午，聚集會員五十餘名，在天外天樓上開孫
總理遙拜祭，先由丁成氏述開會辭，繼則讀總理遺囑，陳時新氏讀
弔詞，會員單獨向總理遺像行三鞠躬禮，然後請求來賓演說，時有
葉榮春氏演說總理偉德及奉安盛況，次則會員蕭厚明氏講演民族及
歷代被外人的束縛條件，丁成氏演說總理推倒滿清及喚醒民眾對外
廢除不平等修約。〔註23〕

由以上訊息可知，當時華僑間十分重視中國情勢，民族情懷強烈，官方雖
允許中華會館存在，卻多所限制，甚至逐出新聞記者，不許台灣人赴華人
集會，可見當時仍有許多民眾留心中國時局變化，民族意識也隱於部分台
人心中。

　　日治時期旗山市街工商熱絡，洋樓林立，百業興盛，秋心（劉順安）在
〈旗山竹枝詞〉提到：「每到芭蕉盛出期，旗亭酒館各爭奇。萬花樓裡客常滿，
天外天中飛玉卮。」〔註24〕天外天就在蕭家樓隔壁兩間，年輕時蕭乾源經常
出入此處，昭和6年（1931）便曾寫過〈贈鸚妓月仙〉七絕三首，贈與「天
外天內」酒家女。身為阮寶治女婿，又同住旗山五保，蕭乾源必然知曉岳父
的抗日意識與作為，除此之外，包括一同創立旗峰吟社且擔任過「台灣光復
團」團長的黃光軍〔註25〕，以及好友范國清、阮文仁等，皆曾熱血投身抗日。
蕭乾源心繫祖國，與其生活環境及文學交遊關係密切，詩作〈祝雙十節〉、〈端
午懷鷺江國清兄〉、〈寄懷阮文仁先生〉、〈敬步文仁兄原玉〉中，皆可見濃厚
的民族意識與祖國情懷，因此戰後《南台灣人物誌》中提到：「蕭乾源先生富
有革命精神，於民國庚午年鼓勵青年同志，維護民族正氣，創立旗峰吟社，
雖常受日警監視，集會困難，但蕭氏以不屈不撓之精神，藉高山古刹為掩護，

〔註22〕《台灣民報》，第253號，昭和4年3月24日，第7版。
〔註23〕《台灣民報》，第264號，昭和4年6月9日，第7版。
〔註24〕《風月報》6月號（下卷），第132期，昭和16年（1941）6月15日，頁23。
〔註25〕1937年中日戰爭全面爆發，大批台灣青年認為這是實現台灣光復的良機，紛
　　　紛輾轉到中國大陸，投身於祖國的抗日洪流，「台灣光復團」便以黃光軍為團
　　　長。見吳榮發：《活地獄》：李伯元、鄭坤五的社會寫實小說及其歷史情境〉，
　　　《雄中學報》第十期，2007年12月1日，頁392。

秘密集會，共同維護祖國文化之大計。」〔註 26〕但現實生活中，蕭家並未受到日警監視或威脅，根據蕭振中先生說法：阿公（蕭乾源）身邊很多有抗日想法的人，像黃石輝也常去找阮阿公。可能是和日本人的關係不錯，沒去參與社運和政府對抗，至光復前並沒有受到日本人的限制或警告之類，不像黃石輝的行動都有人在注意。〔註 27〕能獲得日政府善意對待，更證明日治時期蕭乾源穩固的仕紳地位與務實不樹敵的實業家性格，儘管私下與抗日分子友好，也不影響他與日本官方的友善互動。

照片 3-10　蕭乾源家族照
照片來源：蕭振中先生提供，前排右一阮文仁，右二蕭乾源

　　蕭乾源居旗山五保「蕭家樓」，是旗山地區望族之後。江明樹形容蕭乾源「中等身材，略胖，方面大耳，清俊穩實」〔註 28〕，年紀極輕便積極投入社會事業，熱愛詩學創作，出錢出力，廣邀旗山文士一起成立「旗峰吟社」，聘請澎湖碩儒陳月樵、詩友黃石輝傳授詩學，用心推動古典詩學，對社員詩藝幫助甚大。蕭乾源曾兩次於旗山舉辦全國詩人大會，並在民國 48 年（1959）

〔註26〕根據照片 3-3（前）《南台灣人物誌》蕭乾源剪報資料之文字內容。
〔註27〕口述資料爲 2015 年 5 月 10 日，筆者至旗山東新街乾元藥局專訪蕭振中先生所得。
〔註28〕詳見江明樹：〈旗峰詩社的扛鼎詩人──蕭乾源〉，《旗山奇》，網址：〈http://www.chi-san-chi.com.tw/2culture/index.htm〉，檢索日期：2014 年 8 月 23 日。

參加己亥年全國詩人大會，擊鉢題為〈詩人節懷古〉、〈稻江競渡〉〔註29〕，推測其中一首詩作獲得左右元之榮耀，蔡元亨題贈「獨佔鰲頭」四字匾額留存。旗山畫家呂浮生曾說：「沒有蕭乾源先生，就沒有『旗峰吟社』。」〔註30〕蕭乾源做人率直、豪爽慷慨，包括潮州「雙管齊下」名書法家兼詩人蔡元亨、大甲詩人王清彬，及美濃詩人都十分推崇蕭乾源的人品及詩藝。其孫蕭振中目前繼續經營的「乾元藥房」，除整理祖父《資生吟草》詩集〔註31〕外，也用心保留許多家族照片與祖父晚期詩作，為後學研究旗山、蕭乾源或旗峰吟社等議題，留下十分珍貴的口述歷史與史料。

　　蕭乾源一生經歷了臺灣政權的移轉變動，文學上始終堅持古典詩學創作與推廣，政治與國家態度上，則是與當權者妥協友好。日治時期蕭乾源身為地方仕紳，資產可觀，必然是統治者籠絡的對象，與日本政府關係密切，筆者認為這與詩人「明哲保身」與「維護鄉里」的態度有關〔註32〕，畢竟強烈的抗日思潮不僅攸關個人生死禍福，甚至可能危害整個家族的興衰，蕭家以經商致富，甚至能就讀以日本人為主的小學校（或稱尋常小學校），身為養子的蕭乾源若與日本政府交惡，其影響絕非個人之事，儘管內心有著民族情操，仍與日本官方互動良好，不僅能守家業，也可為地方貢獻一己之心力，如擔任悟真社主事，積極推動旗山地區的社會救助，這些都不是與日本政府敵對所能辦到的。由此推知，蕭乾源內心雖懷有祖國意識，交遊對象也不乏抗日分子，但在現實層面，詩人靠攏殖民政權，是旗山市街上安分守業、附庸文雅的實業家，因此能在官方允許空間中，追求自我的詩學興趣與成就。

〔註29〕訪問蕭振中先生時，亦表示不清楚祖父是何首詩獲得全國詩人大賽左右元。筆者根據乾元藥房店面懸掛蔡元亨所致贈的「獨占鰲頭」題匾，匾額上題寫：「蕭乾源先生全國詩人大會掄元紀念」、「民國己亥年蒲月　蔡元亨雙管齊下」等訊息，查詢當年（己亥年，1959）全國詩人大賽擊鉢題為〈詩人節懷古〉、〈稻江競渡〉，故暫認定兩首作品中有一首為蕭乾源掄元之作。

〔註30〕江明樹：〈旗峰詩社的扛鼎詩人──蕭乾源〉，《旗山奇》，網址：〈http://www.chi-san-chi.com.tw/2culture/index.htm〉，檢索日期：2014年1月4日。

〔註31〕目前筆者所見《資生吟草》為蕭乾源的手抄影本，《旗山奇》網站中收錄了101首詩作。

〔註32〕謝崇耀認為吳德功會靠攏日本，其原因有三，包括：文學理念因素（日本政府重視古典詩）、明哲保身的觀念（以個人生死與家族興衰為重）、維護鄉里的手段（「堅守國家意識」對於人民而言遠不如「安定」重要）。詳見謝崇耀：《臺灣文學略論》（台南縣新營市：台南縣文化局，2002年10月），頁56～58。

照片 3-11　蕭乾源（左）與其夫人蕭陳牡丹女士（右）
照片來源：《旗山奇》網頁

二、求學經歷

　　日治初期，蕃薯藔街西邊的鼓山山腳下有練兵場，以及蕃薯藔公學校。〔註 33〕蕃薯藔公學校創立於明治 31 年（1898）10 月 1 日，經台南縣署告示第 69 號認可，首任校長爲萬羽三次郎，開設之初除了教導本島人，自明治 37 年（1904）起亦兼收內地人的兒童。明治 39 年（1906）奉准設立小學校於公學校內，由台南尋常高等小學校派人來教導內地人的兒童，至明治 42 年（1909）因日籍學生日漸增多，便於公學校北側設置小學校，稱爲「蕃薯藔尋常小學校」〔註 34〕（今旗山生活文化園區），旗山市街西北側也因此成爲蕃薯藔街的文教空間。蕭乾源出生於日治大正 2 年（1913），有關蕭乾源的求學歷程，蕭振中表示：

> 攏沒什麼記錄，留下的只有是相片，較少有文字的記錄。以前日本
> 有公學校和小學校，他是讀小學校。當初小學校攏是日本人在讀的，
> 要不就是地方人講較有名望，較有可能讀小學校。〔註 35〕

台灣總督府於 1898 年 8 月 16 日針對日籍學生與台籍學生發布「台灣公立小學校規則」、「台灣公立小學校官制」、「小學校令」、「台灣公立公學校規則」、

〔註33〕蕃薯藔公學校學區包含：蕃薯藔區、溪洲區、溝坪區、旗尾區、山杉林區、甲仙埔區、田藔區、古亭坑區、觀音亭區，共 21 街庄，學生人數增加後又增設了七所分校。見游步廣：《當代旗山文化資產保存運動之研究（1990～2011）》（高雄：國立高雄師範大學台灣文化及語言研究所碩論，2011 年），頁 30。
〔註34〕劉家宏：《旗山市街發展之研究》（台南：國立臺南大學台灣文化研究所教學碩士班論文，2007 年），頁 78。
〔註35〕口述資料爲 2015 年 5 月 10 日，筆者至旗山東新街乾元藥局專訪蕭振中先生所得。

「台灣公立公學校官制」與「公學校令」等法規，臺灣人與日本人分開就學，直到大正 8 年（1919）12 月 27 日，臺灣總督府發布有關臺日共學制的內訓，讓臺日學生作試驗性的共學試驗，到了大正 10 年（1921）4 月 24 日，臺灣總督府再次修正「臺灣公學校規則」，將每學年教學程度及每週教學時數重新作了修改，而大正 11 年（1922）3 月 13 日又修正了臺日共學的規定，其中增列一條「允許就讀小學校的臺籍兒童數，每班級為日籍兒童的人數的三分之一」，透過法規明文限制臺籍學生就讀小學校的比率。〔註36〕小學校令中明定小學校的就學資格為 8 歲以上，14 歲以下的日籍兒童，除將本來四年制教育延伸至六年，並設兩年的尋常高等小學校（初中）。大正 11 年（1922）蕭乾源剛好符合八、九歲的就學年齡，又正好是日本官方推行「台日共學」時期，開放名額讓臺籍子弟到小學校就讀，一方面能配合總督府政策，另一方面也可以籠絡本地仕紳。當時能與日籍學童一起就讀尋常小學校的臺灣小孩，不是當地望族就是家庭背景很好，照片 3-12 可以看見，（從上而下）第二排右邊第一位穿著格子衣的就是蕭乾源，雖不知道蕭乾源究竟讀了多久的小學校，但從這段經歷不難看出蕭水連與日本人關係不錯，經濟能力也令人看重，是蕭家仕紳身分與勢力的另種證明。

照片 3-12　日治時期蕭乾源就讀尋常小學校團體照（後圖為局部放大）
照片來源：蕭振中先生提供，第四排右一穿格子衣者為蕭乾源。

大正 11 年（1922）日本政府廢除漢文教學後，同年起原本已逐漸減少的

〔註36〕蔡元隆：〈真平等？或假平等？——從日治時期（1919～1941）的臺日共學制談初等教育本質上的歧視〉，《國教之友》第 59 卷第 1 期，2007 年 11 月，頁 75～76。

書房竟連續幾年人數增加，當時並非所有孩子都能同時接受兩種教育，經濟因素仍是影響能否接受雙軌教育的重要因素。蕭乾源所在的旗山五保，是靠近旗山市街西北側文教區域，因家中經濟能力佳且家族受重視，從小除了接受特別的日文教育外，另外有私塾老師個別教導漢學。蕭振中說到：早期阿公（蕭乾源）作詩是一位岡山漢文老師教導的，應該是來旗山教，因爲看了很多書，打下深厚的漢學基礎，作起詩來才能行雲流水，引經據典。〔註37〕儘管統治者強勢引導廢除漢文，實際上地方領導階層仍會利用自身的影響力，支持漢文教育，甚至興辦學堂，爭取學習自主權，確實發揮相當程度捍衛族群文化的力量，體現地方重視漢文化爲主的本土教育價值。

三、事業經營

明清以來，寫詩不僅是閒暇時的抒懷自樂，更是官商互動橋梁，到了日治時期，詩社更成爲重要社交場所，社群中時時可見「士商合一」現象，商人挾帶經濟優勢，在文化聚會中與仕紳文士頻繁互動，一方面學習漢詩一方面拓展人脈。

台灣各地詩社依發動者身份，可約略分爲三種類型：其一爲當地的領導者，其二爲熱心推廣詩學之文人，其三爲兼具兩種身份者。第三種創設者本身即雅好作詩，又爲地方領導階層故創立區域代表詩社更爲理所當然。〔註38〕蕭乾源爲旗山市街「貸地業、米穀商」，除擔任詩社社長及悟眞社主事外，戰後開設乾元藥局，且擔任多項競賽詞宗以及高雄縣文獻委員會委員等，同時具有實業家、社會事業經營者、中醫師、詩人與學者等多重身分，是旗山地區的重要人物。

了解蕭乾源的生活環境與交遊範圍，更能深入探究詩作背景與意涵。根據昭和9年（1934）《台灣實業名鑑》旗山大字部分，曾介紹包含陳啓雲、阮寶治、蕭乾源、林登讚、劉順安等人都是旗山大字著名的實業家。陳啓雲擔任旗山悟眞社社長，資產超過二萬圓者（資產額：42980圓））。阮寶治擔任旗山中華會館主席，於旗山五保經營酒家天外天。林登讚擔任石油會社代理商，

〔註37〕口述資料爲2015年5月10日，筆者至旗山東新街乾元藥局專訪蕭振中先生所得。

〔註38〕謝崇耀，《日治時期臺北州漢詩文化空間之發展與研究》（嘉義：國立中正大學中國文學所博士論文，2010年），頁94。

經營味の屋、麥酒、罐詰、雜貨卸賣，劉順安爲安全自轉車店老闆。〔註39〕
除此之外包括協助創社的陳三木曾任旗山青果容器株式會社書記一職，〔註
40〕詩社成員柳傳也曾擔任貸地事，資產額超過 2 萬圓，〔註41〕可知詩社成員
來自各行各業，許多人一方面經商謀生，一方面熱衷學習漢詩，附庸風雅外
也能抒發己懷。

　　蕭乾源居於旗山市街北邊的五保地區，一方面爲米穀商、煙草專賣商，
經營專賣品乾元商店，另一方面從事貸地業，以地主的身分，將農地租予佃
農耕種。雖然昭和 9 年（1934）《台灣實業名鑑》實業家（旗山大字部分）中，
已有「蕭乾源」之名，但在昭和 16 年（1941）12 月末旗山大字資產超過 2 萬
圓名單及一萬圓名單〔註 42〕裡皆未見蕭乾源，不確知原因爲何。早期文中路
蕭家樓附近土地多爲蕭家所有，可惜民國 50 年起，因爆發旗山鎮農會放款專
員劉發引，藉辦理其他手續之機會盜蓋蕭乾源私印作爲無辜農民的借款保證
人，被害人有三十人之多，冒借金額高達新台幣貳佰陸拾餘萬元。蕭乾源因
辦理其他借款或配領肥料，將自己的印章寄付劉發引，法院認定「自係表示
授與代理權，縱被盜用亦咎由自取等詞，維持第一審命上訴人給付之判決。」
〔註43〕必須給付巨大金額予旗山鎮農會，儘管蕭乾源奮力陳情，依舊被以「由
自己之行爲表示以代理權授與他人者，對於第三人應負授權人之責任，固爲
民法第一百六十九條前段所明定」駁回上訴，判賠貳佰多萬元，導致大量不
動產遭到變賣，連祖厝也難以倖免，遭遇令人感慨。之後又曾幫忙親戚進入
合會（類似今日中小銀行性質）工作，但親戚惡意倒會，連累當時作保的蕭
乾源（推薦人），再賠一百多萬，這些莫名的債務讓蕭乾源幾乎散盡家產。江
明樹在〈旗峰詩社的扛鼎詩人——蕭乾源〉中曾說：「蕭老是望族之後，生前

〔註39〕摘引自劉家宏：《旗山市街發展之研究》，頁 101～103。

〔註40〕「昭和 7 年 11 月高雄州下官民職員錄（旗山郡之部）」，資料來源：日治時期
　　　　圖書全文影像系統。

〔註41〕旗山街役場所編：《管內概況一覽簿》，昭和 17 年（1942）。轉引自劉家宏：《旗
　　　　山市街發展之研究》，頁 103、98。

〔註42〕根據旗山街役場所所編《管內概況一覽簿》（昭和 17 年）內，昭和 16 年 12
　　　　月末旗山大字共有 53 位資產超過 2 萬元者，52 位資產超過 1 萬圓者。見劉家
　　　　宏：《旗山市街發展之研究》，頁 98～99。

〔註43〕最高法院民事判例：「裁判字號：52 年台上字第 1719 號/案由摘要：清償票款
　　　　/裁判日期：民國 52 年 6 月 15 日」，網址：http://mywoojda.appspot.com/j5m/
　　　　j5m?id=1063，檢索日期：2015 年 5 月 23 日。

是一名中醫，媽與二姐曾說，早年曾給他把脈看病，醫術高明，具有詩人真性情的品質。但不善治產，過於信任他人，導致不肖親戚朋友惡性倒債而家道中落。」〔註44〕說的就是這兩起事件。

其實早在蕭乾源二十六歲時，就曾因經商不善而愁緒縈懷，鬱悶之情從他寫給阮文仁詩作中可知心境：

> 營謀未遂嘆沉淪，愁緒縈懷何處申。世事滄桑無限感，好尋幽境隱吟身。

> 憂憤盈腔每欲狂，幾番敗北困商場。無顏自古黃金盡，冷暖人情任彼蒼。

> （1937年，丁丑年〈敬步文仁兄原玉〉七絕二首）〔註45〕

世態炎涼，雖是人生常事，然而當自己遭遇困難，卻少親友願意伸出援手時，心境轉而成詩，表現出人情澆薄的牢騷與無奈。詩中詩人自言「營謀未遂」、「敗北困商場」，致使心情憂憤欲狂。當錢財散盡，飽嘗人情冷暖之際，只能藉由吟唱來抒懷，此時漢詩空間已然成為蕭乾源沉澱心境，避世抒懷的一方天地。

戰後蕭乾源於旗山街上開設乾元藥行，不僅續任旗峰吟社社長，也受聘成為高雄縣文獻委員會委員、鼓山國民學校顧問、旗山鎮農會評議委員、高雄縣國藥公會常務理事，以及旗山警民協會理事等，擁有中醫師、詩人與學者等身分，對地方貢獻卓越，受到地方民眾的推崇愛戴。

第二節　蕭乾源之重要經歷

蕭乾源的生命歷程兼跨日治戰後，接受小學校與私塾教育的他熱愛漢詩活動，能在日人殖民統治下，順利舉辦詩社活動，賡續漢學，甚至與具有抗日色彩的親友互動，也能免去日警的監視與警告，這些都與詩人的家世背景與經歷有密切關係。戰後百業待興，蕭乾源經營事業外，仍積極推廣漢詩，參與許多詩社活動，憑藉自身學識與聲望，成為傳統詩壇的重要詩人。

〔註44〕江明樹：〈旗峰詩社的扛鼎詩人──蕭乾源〉，《旗山奇》，網址：〈http://www.chi-san-chi.com.tw/2culture/index.htm〉，檢索日期：2014年8月23日。

〔註45〕本文蕭乾源詩作皆取自詩人手稿《資生吟草》影印本，由蕭乾源之孫蕭振中先生提供。之後引用《資生吟草》詩作部分，不另加注出處。

一、擔任旗山悟眞社主事

　　大正 10 年（1921）總督府下令全台振興社會事業，擬定社會事業計畫，要求全島各地設置貧民調查機構，並開辦各項經濟保護事業，保障中下階層人民的生活，日式的社會事業自此正式引進台灣。曾擔任日本內務省囑託（顧問），兼中央慈善協會主事的社會慈善家杵淵義房，是當時台灣社會事業的主要推手。大正 15 年（1926）5 月杵淵義房受台灣總督府之聘，來台擔任總督府囑託一職，並於昭和 3 年（1928）促成台灣社會事業協會成立，發行《社會事業之友》，作爲引進新知與宣傳理念的橋梁。〔註46〕除了政府爲社會福利設置專門的行政機構，尚有規模較大的民間慈善機構，包括昭和 2 年（1927）由陳啓雲創設的旗山悟眞社，這種由地方仕紳所創設的慈善會社，大抵與明清傳統中國的慈善組織類似，一方面以救濟爲宗旨，同時具有教化鄉民勸善之目的，〔註47〕詳盡記述旗山街各項社會事業包括：旗山街窮民患者施療、旗山公設產婆、旗山悟眞社、旗山郡清心會、財團法人吳萬順記念博愛團、旗山悟眞社附屬醫院以及旗山悟眞社行旅病人收容所等〔註48〕。

　　社會事業包括分述社會事業推展情形，以及窮民救助、公設產婆、方面委員、釋放者保護等社會事業實績。〈旗山郡治概況〉談到「社會事業」，特別針對窮民救助、公設產婆、消費市場、教化團體、圖書館等議題進行說明，其中旗山悟眞社被歸屬教化團體，強調有志者以遵奉孔子聖教、社會善導爲目的，實施社會奉世事業，成績斐然。〔註49〕當時慈善社團「悟眞社」組織規模完整，具有一定的活動力及影響力，推動社會事業不遺餘力，造福許多旗山街的病痛患者與貧困家庭。

　　旗山悟眞社源起於昭和 2 年（1927）4 月初，陳啓雲爲了教導學童本土母語之精髓，暫借旗山街天后宮東廂，聘請塾師開堂授課，並在中堂左右上方各懸掛一塊匾額，右方「悟門」，左方「道眞」，因而命名「悟眞社」，希望民眾勿忘本，努力進德修業。學堂成立後，陳啓雲更有服務鄉里之心，曾茂源說道：

〔註46〕參見林萬億：〈當代慈善特色——從救濟轉爲福利的社福事業〉，《台灣慈善400年》（台北市：經典雜誌出版社，2006 年 5 月），頁 137。

〔註47〕林萬億：〈當代慈善特色——從救濟轉爲福利的社福事業〉，頁 138。

〔註48〕「旗山郡要覽昭和九年」，高雄州：佐藤新文堂，昭和 9 年（1934），頁 9。資料來源：日治時期圖書全文影像系統。

〔註49〕高雄州內務部地方課：〈旗山郡治概況〉，《高雄州時報》n006，頁 68～69，資料來源：日治時期期刊全文影像系統。

陳啓雲心中欲再擴充，創辦醫療部服務桑梓的念頭。因感觸到天地
造化不公，發現貧窮家庭三餐無繼，而又逢臥病在病床上呻吟哀痛，
家中經濟將受牽連崩潰，內心浮現憐憫之心，激發感嘆的情緒沸騰，
又回想一下權衡自己的力量，缺乏雄厚經濟資源無法達成，博施濟
眾，矜孤恤貧，來幫助弱勢族群。而且細察到地方防疫即醫療設備
不足，未能達到一般民眾的需求，回光生命權益，貧苦街民無能力
就醫，醫治自己的疾病而痛恨自己無經濟能力加以治病。至此，內
心欲加速付諸實現，再度向當地士紳、耆老提議計劃方針，能運用
群眾社會資源與力量參與，增設醫療門診部門，嘉惠人群，是多麼
溫馨人情味。〔註50〕

陳啓雲招攬志同道合之人，各自招募新會員共襄盛舉，短時間內會員人數激
增，會員有感地方患病者眾多，排水系統簡陋，易淤積污水，導致蚊蟲孳生，
水井又鄰近廁所，衛生堪憂，環境無殺菌消毒配套設施，髒亂不堪，需要更
多人力投入公益社會救助組織，積極宣導衛生教育，輔導人民改善基本生活
環境。昭和2年（1927），悟真社提出造福地方方針計劃方案議題，為了增設
門診及療養所，組織每月月初向會員收取會費，做為醫療基金，會中熱烈討
論相關議題，終歸獲得全體共識，專案附議通過議題。

日治時期，官方與地方資本家往往存在互惠互存的關係，謝崇耀認為：

臺灣在清代即是屬於自負維安任務的鄉治社會，仕紳是清代鄉治社
會中的秩序的維繫者，在治安上有保甲體系，在社會福利上有各式
勸善局、育嬰、埋屍、義學、義渡等組織，甚至喪葬土地、糾紛排
解等。過往這些工作固然有收入，但仍仰賴相當財力的支持與保障，
日治後的領導階級既然是以資產作為前提，當然更有能力勝任這些
職守，他們在社會的期待與自身對社會責任的理解下，往往會願意
為社會的安定奉獻心力，而體現值得社會信賴的聲望與價值。〔註51〕

跨越清領與日治時期的仕紳陳啓雲，不僅心繫本土母語文化，懷抱悲憫胸襟，
同時也擁有一定的經濟實力，具有號召群眾的能力。當社會領導階級擔任官
民仲介，官方會衡量當事人的社經地位，以及實際的社會影響力而給予適度

〔註50〕曾茂源：〈追尋‧被遺忘行善團「悟真社」的足跡〉，《旗山奇》，網址：
　　　　〈http://www.chi-san-chi.com.tw/2culture/db/moa_yuen/wu-jen-she/index.html〉，檢索日
　　　　期：2014年8月8日。

〔註51〕謝崇耀：《日治時期臺北州漢詩文化空間之發展與研究》，頁40。

的頭銜，不僅能達收編效果，對地方建設做出貢獻，也能保障社會秩序的安定，加強地方統馭能力。昭和 14 年（1939）10 月 31 日，陳啓雲曾榮獲高雄州知事正五位勳四等的赤堀鐵吉頒賞表彰狀及花瓶，表揚他從事社會事業，增進社會福祉之貢獻。〔註 52〕能嘉惠旗山大眾，這就是社會領導階級對人民所能展現的實質互惠與領導價值。

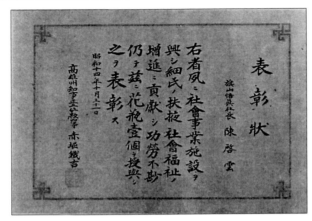

圖 3-2　旗山悟眞社社長陳啓雲表彰狀
資料來源：《旗山奇》網站

　　蕭乾源關心地方上的社會救助事項，不僅熱衷詩學創作，也曾擔任旗山悟眞社主事〔註 53〕，積極從事地方社會救助事項。昭和 7 年（1932）1 月旗山悟眞社副社長柯李忠辭世時，蕭乾源曾作詩緬懷，〔註 54〕讚揚前輩爲社會事業晨昏奔走的偉大付出。

　　昭和 6 年（1931）10 月 26 日，擔任悟眞社主事的蕭乾源隨總督府石川先生率領的視察團搭上蓬萊丸船，由基隆港出發前往日本，展開爲期二十三天的視察之旅。昭和 7 年（1932）1 月 1 日發刊的《社會事業の友》，有一篇題名〈內地視察團の感想〔六〕〉，署名「旗山悟眞社主事　蕭乾源」的文章，

〔註 52〕曾茂源：〈追尋‧被遺忘行善團「悟眞社」的足跡〉，《旗山奇》，網址：
　　　　〈http://www.chi-san-chi.com.tw/2culture/db/moa_yuen/wu-jen-she/index.html〉，檢索日
　　　　期：2014 年 8 月 8 日。
〔註 53〕日語：主事（しゅじ），意指事務主持人、主任之意。
〔註 54〕蕭乾源〈吊悟眞社副社長柯李忠先生〉七絕三首：「噩耗傳來值暮秋，塵寰永別不勝愁。劇憐德望咸著稱，五四年華赴玉樓。」、「誰知一病沒沉疴，藥石無功喚奈何。大夢難醒悲此日，愁雲黑暗鑽南柯。」、「五度春秋爲悟眞，晨昏奔走不辭辛。而今化鶴西歸去，風雨淒淒倍愴神。」《詩報》第 27 號，昭和 7 年（1932）1 月 1 日，頁 9。

內容包含「總說、視察後感ずる諸點と希望」兩部分，主要說明自己視察各地設施，比較台灣與日本社會設施後的心得。蕭乾源認為本島的社會救助若要追趕上日本內地程度，需經百年大計，冀望與社會事業有關人士可以不停奮鬥，與社會事業無關者也可以積極宣傳並獲得共鳴。文章除詳細記錄視察結果外，也簡單寫下感受深刻之處。文中提到：

> 在現今，內地社會事業審查，將為台灣社會事業協會主導的本島事業進展的一步，而對社會事業是一張白紙的我，被旗山郡守推薦任命為右視察團，對我來說是至上的光榮。

> 視察團共十八名，由總督府的石川先生率領，於十月二十六日搭上蓬萊丸船，隨著汽笛一聲咚，駛出基隆港。於二十九日早晨到達門司，踏上親切的國土，前後花費二十三天時間，在遵守團體精神之下，一行人和氣洋洋，並於十一月十七日平安歸台。……我們一行人能獲得如此無上的光榮，姑且不論我們身為國民，或身為社會事業關係者，歸台後必與社會智識者協力以粉身碎骨、義勇奉公的精神回報國家、回報萬分之一的皇恩。〔註55〕

蕭乾源畢業於小學校，國語（日語）能力自在水準之上，不論是與眾人前往日本訪查，或是以日文撰寫報告心得，都能表現得恰如其分。當時年約二十歲的蕭乾源，受旗山郡守推薦任命為右視察團，自言是「至上的光榮」。行程中，蕭乾源曾至新宿御苑拜觀，出席拓務省歡迎會，參訪宮內省內部，會面宮內次官的關屋貞三郎閣下，並與之懇談提問，受邀品嚐珍菓點心，視此行為「一輩子的光榮」。姑且不論蕭乾源是否真的與日本政府親近友好或只是虛與委蛇，可確定的是蕭乾源與當時旗山郡官方關係良好，在地方上有一定的地位及影響力。

　　蕭乾源認為台灣的社會事業與日本間有雲泥之別，內地社會事業從事者有共存共榮的精神，企業家的社會觀念也很濃厚，因此社會事業十分發達。他期許台灣從事社會事業者與企業家能效法日本精神，盡快趕上內地，具體建議包括：增設職業介紹所，以因應經濟不景氣時的大量失業問題；設立簡易食堂，減緩單身勞動者與貧困夫婦的辛勞，給與弱勢者經濟上的幫助與方便。另外，也要興建托兒所，期望台灣市街能以政府公費或社區團體費用設置托兒所，可使家有幼兒的

〔註55〕 蕭乾源：〈內地視察團の感想〔六〕〉，《社會事業の友》，臺北市：臺灣社會事業協會，昭和7年（1932）1月1日，1932年1月1日，頁76～79，資料來源：日治時期期刊全文影像系統。全篇內文與翻譯詳見附錄五。

勞動者，能無後顧之憂的前往各工廠、會社工作，不僅保護幼兒，許多家庭也能因此圓滿，進而達到社會安寧，增進國民福利等目標。

詩人紮根地方，地方生活圈中本就存在各種公眾政事、宗教祭祀、慈善教化、文化藝術、教育、工商、醫藥、娛樂等多重事務，衍生的漢詩場域也是地方上多元文化的一部份。蕭乾源不只是地方實業家、詩社社長，也是一位留心社會救助事業的知識份子，他以自己的方式守護本島家鄉，並非阿諛媚日，耽溺享樂之輩。在他的參訪心得中，我們讀見詩人洞燭機先及悲天憫人的深刻情懷，了解詩人與當權者交際互動的同時，也看到詩人的處世態度與風骨。

二、參與其他詩社及詩會活動

蕭乾源除舉辦旗峰吟社的各項活動外，也參與其他詩社吟唱並擔任詞宗〔註56〕品詩。歸納目前文獻及訪談資料，除了旗美聯吟會、旗美吟社外，包括高雄州下聯吟會、陶社、雄州吟社、壽峰吟社、海鷗聯吟會、六合吟社與各縣市徵詩活動等，都有蕭乾源獲獎或擔任詞宗的記錄。

昭和16年（1941）美濃朱阿華與旗山黃石輝共同創立「旗美吟社」，於美濃廣善堂吟詩酬唱，成為旗美兩地佳話。「旗美吟社」重要詩人包括美濃朱阿華、朱鼎豫、李春生、林富琦、宋永成、劉慶雲、謝丙祥、林富生、鍾美盛、陳新賜、溫華玉等，旗山詩人則有黃石輝、蕭乾源、簡義、劉順安、游讚芳、林桂芳等，此時期少見旗峰吟社活動記錄，但在蕭乾源《資生吟草》中（表2-4），昭和17年至19年（1942～1944）間，旗山美濃兩地雅集課題不斷，雖非旗峰吟社主辦，仍可見許多旗山詩人創作不輟。戰後旗美吟社仍定期集會課題吟唱，民國61年（1972）中秋節時，便曾在龍肚朱鼎豫家舉辦聯吟大會，當時與會詩人約有16人，蕭乾源也參與其中。民國69年（1980）庚申3月29日於旗山三桃山舉行旗美吟社四十週年社慶，可惜當天詩作多散失，美濃詩人天心客（張琴龍）曾作詩懷念〔註57〕。

〔註56〕「詞宗」為傳統詩社集會、詩壇徵稿時，一個評選機制與名位。有時為一人，視狀況亦可增為左右，或天地人三位詞宗。詞宗的推任，一般由當時地方或社會上德高望重者擔當，無論是詩壇耆老、詩社社長，能被推舉為詞宗，就是一種榮譽標記。

〔註57〕〈恭祝旗美詩社四十週年社慶〉：「旗峰俊秀聚旗陽，李杜遺風萬世芳。抵禦霸強存氣節，宣揚詩教立綱常。今朝寶島興文化，他日神州蔚國光。四十星霜逢社慶，鯤南雅韻載賡長。」《旗美詩苑》第1頁中提及此詩是為慶祝旗美吟社四十週年社慶，但在105頁卻稱此詩為〈恭祝旗峰詩社四十週年社慶〉。

蕭乾源熱衷傳統詩學創作與推廣，除聚會作詩外，也不吝指導後進詩學，精神令人感佩，古信來曾言：

> 吾幼承庭訓，於農閒商假之時，努力學習詩作，並效旗美吟社諸先大雅及春生、乾源、鼎豫，三位老師之鞭策指導，涉獵秦漢以上，唐宋以下之古書，獲益良多。〔註58〕

蕭乾源晚年儘管健康狀況不佳，仍抱著病身以行動支持詩社，精神始終如一，張琴龍曾言：

> 眼見旗美吟社，耆宿詞長相繼賦歸道山，後生一輩同儕，又分飛外地，因此社況寂寥，癸亥臘月，余帖邀旗美吟社諸大雅，聚於舍下，藉以辭歲迎新大會，妻邱秀蘭親手掌廚，以客家粗席及分享楊森將軍養命酒，歡暢而歸。甲子清明，蕭乾源詞長星遞旗山，群鷗黯然。〔註59〕

由上文及照片3-14可知，民國72年（1983）農曆12月19日蕭乾源仍至美濃張宅，參與張琴龍主辦的辭歲迎新大會，遺憾隔年病逝旗山，終身投入台灣古典詩域至死方休，詩人風骨與堅持更令後學敬佩。

照片3-13　民國61年（1972）中秋節於龍肚朱鼎豫先生府上聯吟大會
照片來源：《旗美詩苑》（頁11），前排右三朱鼎豫，左二簡義、左三蕭乾源

推算旗峰吟社成立於昭和4年（1929），旗美吟社成立於昭和16年（1941），以「四十週年社慶」而言，對象應指旗美吟社。張琴龍著作兼總編輯：《旗美詩苑》，高雄縣：美泰印刷所，1985年1月，頁1、105。

〔註58〕張琴龍著作兼總編輯：《旗美詩苑》（高雄縣：美泰印刷所，1985年1月），頁19。

〔註59〕張琴龍著作兼總編輯：《旗美詩苑》，頁17。

照片 3-14　民國 72 年（1983）旗美吟社癸亥年詩友辭歲暨迎新大會留念
資料來源：《旗美詩苑》（頁 14），前排中蕭乾源

　　昭和年間高雄州內各詩社援三友吟會聯絡情誼，以通聲氣之旨，組成「高雄州下聯吟會」，是一個跨縣市地區性的聯誼組織。後因七七事變暫停聯吟活動，昭和 14 年（1939）重起雅集、缽聲恢復，東南亞戰爭後活動又停止。〔註60〕根據《詩報》記載，蕭乾源曾多次於高雄州下聯吟會獲獎，包括：〈旗峰曉翠〉左六（1936）、〈蔗苗〉左八（1936）、〈選舉戰〉右六（1937.7.6）、〈淡溪春暖〉右四（1941）等，常與高雄州詩友切磋詩藝，交流熱絡。昭和 11 年（1936）10 月 2 日《詩報》第 138 號，旗峰吟社舉辦擊缽吟會，邀請美濃詩人朱阿華、屏東礪社詩人蘇維吾擔任左右詞宗，會中蕭乾源一人獲選三首，不僅詩藝出眾，亦見詩社力邀知名詩人與會，努力拓展社務的用心。昭和 17 年（1942）《詩報》第 264 號刊登陶社第三期徵詩，蕭乾源詩作〈荷錢〉獲得左九佳績。

　　日治時期，因交通與報章傳遞消息便利，不論全國性或地方性之詩社，詩人之間互動日益頻繁，昭和 6 年（1931）6 月 15 日《詩報》刊登雄州吟社消息：

　　　　雄州吟社事務所置在高雄市鹽埕町東壁圖書局內，乃原鼓山吟社員

　　　　盧耀廷氏倡設者，黃詠鶴也是該吟社社員，根據詩社多次自行課題

〔註60〕1924 年鳳崗吟社假龍山寺開會，邀礪社、旗津吟社蒞臨，共組三友吟社。黃福鎮：《戰後高雄地區傳統詩研究》（高雄：國立中山大學中國文學研究所碩論，2009 年），頁 19。

所出現的人名，包含黃詠鶴與范國清等曾參與詩社活動。〔註61〕
同社詩友黃永好（詠鶴）、范國清曾一起參加雄州吟社的課題活動，蕭乾源與
朱阿華也曾「同赴雄州會，聯吟廣善堂。」（1949 年，己丑中秋既望〈追懷朱
阿華老先生〉），其他包括高雄苓洲吟社陳皆興、高雄萍香吟社陳月樵〔註62〕、
屏東礪社葉榮春、屏東詩會陳滌菴（陳福清）、台南香芸吟社石儷玉、台南南
社洪鐵濤、台南淡如吟社陳壽南等等，都曾受邀擔任旗峰吟社詞宗，或一同
出席擊缽吟會，切磋詩藝。此外，蕭乾源與美友吟社社長陳保貴晚年往來頻
繁互以詩相會，〔註63〕陳保貴去世時，旗峰詩社亦哀獻祭文與輓詩四首。

　　戰後蕭乾源除了經營詩社外，也參與其他詩社徵詩活動，更因學識、聲
望與文學造詣受人敬重，經常受邀擔任詩會詞宗，負責評閱選錄優秀詩篇。
根據壽峰詩社〔註64〕歷年來課題及擊缽詩題目錄，民國 49 年（1960）5 月蕭
乾源曾以〈青年節修禊〉獲得右元，民國 50 年（1961）9 月，擔任詩題〈待
榜〉之右詞宗，民國 52 年（1963）1 月任詩題〈詩運〉之左詞宗，民國 55 年
（1966）3 月與陳皆興同任左右詞宗。〔註65〕另外，鍾壬壽《六堆鄉土誌》記
載由萬巒前清秀才李洪九（1851～1930）晚年創立六合吟社，戰後曾多次邀
請蕭乾源以「旗山耆宿」身分出席詩會，根據「六合吟社徵詩情形一覽表」（表
3-3）〔註66〕，蕭乾源至少擔任過 8 次以上的詞宗。

〔註61〕 王玉輝：《日據時期高雄市詩社和詩人之研究——以旗津吟社為例》（高雄：
　　　　 國立中山大學中文所碩士論文，2003 年），頁 96。

〔註62〕 萍香吟社最初並無固定社址，其社員多由澎湖旅台人士組成，如報載中陳春
　　　　 林、李曉樓、蕭永東、陳文石等人皆是。因為社員平日星散各地，聚首不易，
　　　　 所以擊缽吟的活動大多必須以通訊徵詩的方式進行。王玉輝：《日據時期高雄
　　　　 市詩社和詩人之研究——以旗津吟社為例》，頁 75。

〔註63〕 陳保貴晚年與旗山第一詩人蕭乾源往來頻繁互以詩相會。見鍾怡彥：《美濃作
　　　　 家的在地書寫研究》（桃園：國立中央大學中國文學系博士論文，2014 年 6
　　　　 月），頁 11。

〔註64〕 壽峰吟會應該是一個由多社組成的聯吟會，並非單一詩社，性質類似於三友、
　　　　 四美和高雄市內五社聯吟會。當時本市（高雄市）各詩社均有成員參與其間，
　　　　 除了有傳承漢學的用意，也有各詩社員彼此切磋和較量詩藝的意味在內。王
　　　　 玉輝：《日據時期高雄市詩社和詩人之研究——以旗津吟社為例》，頁 101。

〔註65〕 黃福鎮：《戰後高雄地區傳統詩研究》，頁 183～188。

〔註66〕 「六合吟社徵詩情形一覽表」內容摘錄自李慶彬編《六合吟社徵詩揭曉》、鄔
　　　　 松貴提供（鄔接昌詩作集）、江明樹提供六合吟社部分徵詩作品等資料。詳見
　　　　 邱春美：《六堆客家古典文學研究》（台北：輔仁大學中國文學研究所博士論
　　　　 文，2005 年 1 月），頁 316～320。

表3-1　蕭乾源擔任六合吟社詞宗記錄表

時　間	期　別	詩　題	詞　宗
民國 55 年	第一期	中秋月	旗山蕭乾源
	第一屆第一期	恭賀新年冠首	旗山蕭乾源
民國 56 年 10 月	第二期	武山即景	左詞宗 蕭乾源 右詞宗 黃福全
民國 57 年 2 月	第三期	丁未歲暮書懷	屏東薛玉田
民國 58 年 4 月	第一屆 第二期	晚晴	台北吳濁流
民國 58 年 6 月	第三期	春歸	台北吳濁流
	第四期	春宵	左詞宗 薛玉田 右詞宗 蕭乾源
	第五期	仲夏夜	潮州蔡元亨
	第六期	讀韓文公詩感	屏東薛玉田
59 年 3 月	第一屆 第五期	春遊	左詞宗 台北錢運元 右詞宗 旗山蕭乾源
59 年 9 月	第一屆 第七期	詠竹	鳳山陳皆興
62 年		春節即景 七言絕眞韻	蕭乾源
62 年 8 月		詠蟬 五言律先韻	台北吳濁流
63 年 2 月	第二屆 第九期	甲.暮冬七言絕寒韻	旗山蕭乾源
	第二屆 第九期	乙.書懷五言律尤韻	旗山蕭乾源

有關六合吟社活動狀況，據民國 56 年（1967）10 月 17 日報紙所載：「因曾經受到日治時代權勢壓迫而中輟的高屏兩縣客家籍愛好古典文學人士所組的六合吟社，爲響應政府推行文化復興運動，於今年中秋復行組成，並以中秋節爲題，舉辦吟詩徵文，經各詩友投稿，計有七十餘篇佳作應徵，刻經延聘高縣旗山耆宿蕭乾源老先生爲詞宗，加以評定。」〔註67〕因徵詩活動參加者不侷限於社員，聘請社外德高望重的文人擔任詞宗，可增加徵詩活動的公正性，也可加強詩社威望，拓展詩人間的交遊網路。蕭乾源於民國 55 年至 63 年期間（1966～1974）多次擔任六合吟社詞宗，同時期擔任詞宗者還有吳濁流、陳皆興、薛玉田、鍾國珍等其他社會知名人士，足見蕭乾源的漢詩實力與地方聲望令人景仰，是高屏地區的著名詩人。

〔註67〕引自邱春美：《六堆客家古典文學研究》，頁 19～20。

　　除了參加各地詩社活動外，民國 47 年（1958），高雄縣文獻會新定「高雄八景」〔註68〕並向海內外徵詩，所徵之詩送請各名家評選後，刊載在民國 49 年（1960）高雄縣文獻會出版，陳子坡主編的《高雄縣志稿藝文志》，其中由張相評選的「龍崗觀雲」詩作中，蕭乾源榮獲第一，另外在「內門列嶂」、「翠屏夕照」二景中，也分別獲得第五名及第六名，表現十分出色。

　　民國 50 年（1961）為彰化縣觀光年，縣文獻委員會選出八處風景名勝區，定名為「彰化縣八景」，舉辦全省徵詩及攝影比賽，〔註69〕以「柳橋晚眺」為題進行徵詩，入選作品共三十二首七律，當時大會聘請「天籟三笑」之一的曾笑雲〔註70〕與四十八歲的蕭乾源擔任左、右詞宗。民國 52 年（1963）1 月 1 日、53 年（1964）5 月 1 日，蕭乾源亦受邀為海鷗聯吟會課題〈耕耘機〉右詞宗與〈攀桂手〉左詞宗，〔註71〕詩壇聲望可見一斑。

　　「以詩為盟，大雅不群」的漢詩生活空間，不只具備文學價值，更展現藝術與生活的美學價值。以生活美學而言，蕭乾源創立詩社，熱心參與各類詩社活動，與四方詩友們相互觀摩切磋詩藝，不僅延續傳統漢學思想，更落實一種兼顧品質與適性的生活方式，滿足自己對族群文化的選擇，安置自我生命的歸屬，涵養出日治時期旗山地區內斂雅致的優質文化底蘊，厥偉甚偉。

第三節　蕭乾源的文學交遊

　　子曰：「獨學而無友，則孤陋而寡聞。」蕭乾源詩才早慧，透過漢詩結交許多文人詩友，探究其交遊軌跡，可了解詩人各階段生命特質與思想觀點，

〔註68〕 新定高雄八景，包括貝湖春曉、淡溪秋月、鳳岫纖雨、龍崗觀雲、內門列嶂、汕尾歸丹、翠屏夕照、超峯晚鐘。黃福鎮：《戰後高雄地區傳統詩研究》，頁 214。

〔註69〕 參見陳胤：〈柳河的生與死〉，《2003 年彰化縣磺溪文學獎》。網址：〈http://river543.myweb.hinet.net/4a1.htm〉，檢索日期：2014 年 12 月 17 日。

〔註70〕 曾潮機（朝機）（1904～1981），又作晁機，字朝枝，號笑雲，礪心齋門人，「天籟吟社」社員，亦曾參與「和社」，1939 年左右加入「登瀛吟社」。精於韻學，曾以平生所搜臺灣擊鉢吟詩，擇其尤者，彙為巨冊。參見〈社員傳記——壹〉，《瀛社社史》網址：http://www.tpps.org.tw/forum/forum.php?mod=viewthread&tid=23，檢索日期：2014 年 12 月 17 日。「笑雲」曾朝枝與「笑岩」林錦堂、「笑園」黃文生，天籟吟社健將，並稱為「天籟三笑」。

〔註71〕 吳佳彰：《北港口湖地區鄉勵吟社研究》（嘉義：南華大學文學系碩論，2011 年 6 月），頁 215。

是重建蕭乾源文學歷程不可或缺的資料。以下將從日治時期、戰後時期，呈現蕭乾源友人生平，與彼此間往來酬酢與理念交流的互動情形。

一、日治時期

（一）旗山詩人

1. 黃光軍

昭和 4 年（1929）黃光軍在旗山與蕭乾源、范國清、蕭有國、游讚芳、陳三木等六人創設旗峰吟社。1937 年中日戰爭全面爆發，大批台灣青年認為這是實現台灣光復的良機，紛紛輾轉到中國大陸，投身於祖國的抗日洪流，「台灣光復團」便以黃光軍為團長。〔註72〕根據林正慧說法：

> 1940 年中，戴笠認為日本可能冒險向南洋侵略，則必以台灣為重要基地，因此開始重視對台工作。……1942 年 8 月，軍統局另在福州成立「沿海工作區」，下設台灣組，並在香港、汕頭、廣州、上海各設一台灣小組，分別策劃向台推進。……1944 年為配合盟軍反攻，以上海為進行布置之根據地，戴笠令藍敏和黃光軍成立上海聯絡組，設法派人入台建立組織，架設電台。〔註73〕

黃光軍為台籍抗日精英，曾擔任「台灣光復團」團長，昭和17 年（1942）3 月台灣革命同盟會召開臨代會，黃光軍亦為會員之一。民國 34 年（1945）12 月21 日，黃光軍創辦《光復新報》，聘請著名詩人鄭坤五擔任主編，在《光復新報》的發刊詞上，鄭坤五清楚傳達台灣光復的時代意義和發行報刊的使命：

> 於戲，偉哉！壯哉。掃清彈雨煙硝地，插遍青天白日旗。……《光復新報》之刊行，不但將留紀念，且冀進而發揚國粹，並追隨政府之後，推行國策，宣傳三民主義，啓發民智，以報諸公天高地厚殊恩之萬一也。……苛政之下，各地尚有一二抱殘守缺碩儒，……毅然以繼往開來自任，冒險保存國粹，委曲組成詩社，隱燃鼓吹革命，發揚正氣……藉以維持一線國學於風雨飄搖之中。〔註74〕

〔註72〕吳榮發：〈《活地獄》：李伯元、鄭坤五的社會寫實小說及其歷史情境〉，《雄中學報》第 10 期（2007 年 12 月 1 日），頁 392。

〔註73〕林正慧：〈二二八事件中的保密局〉，《台灣史研究》第 21 卷第 3 期（2014 年 9 月），頁 5。

〔註74〕鄭坤五在《光復新報‧發刊詞》上表示台灣光復的時代意義和《光復新報》

黃光軍與鄭坤五兩人皆為傳統詩社成員，具有強烈祖國意識與民族情懷，因能「得歸依祖國慈懷，洗卻亡國奴隸污名」而歡欣無比，希望藉由刊行《光復新報》推行國策，宣傳三民主義，也對日治時期各地委曲組成詩社，冒險保存國粹的漢學儒士，表達崇高敬意。

旗峰吟社成立之初僅六人，黃光軍就是其一，非志同道合者實在難以結識相交，甚至共組詩社組織。早在昭和 5 年（1930）《資生吟草》內已出現多篇感懷祖國情勢的詩作，加上蕭乾源與具有抗日色彩的旗山中華會館關係密切，雖不曾明確表達抗日態度，但周遭親友的主張與經歷，深刻影響蕭乾源思想，因此詩作中仍可見詩人的祖國意識和民族精神。

2. 范國清

蕭乾源與范國清私交甚好，昭和 6 年（1931）7 月 15 日蕭乾源寫詩寄懷黃詠鶴，當期《詩報》也刊登〈端午日懷鷺江范國清君〉四首〔註75〕：

> 今朝佳節憶分離，況復端陽競渡期。聞道鷺江衣帶水，時時引領望天涯。

> 樓中獨坐寂無聊，惆悵離情恨未消。步出玉欄杆外望，鷺江何處水雲遙。

> 暮雲春樹感悲傷，地北天南各一方。惟願晨昏勤奮勉，學成名就早回卿。

> 故國睡獅正欲醒，竚看怒吼震雷霆。如何手足猶相鬥，兵燹哀鴻不忍聽。〔註76〕

民國 17 年（1928）起，國民政府為鞏固和取得成就，積極立法、建設、改革中國，此階段被稱為「黃金十年」（1928～1937），范國清於此時期負笈鷺江〔註77〕。

〔註75〕
發行的價值與使命，原文轉引自吳榮發：〈《活地獄》：李伯元、鄭坤五的社會寫實小說及其歷史情境〉，頁 392。

〔註75〕以上四首詩亦收錄於《資生吟草》（1935 年乙亥年〈端午懷鷺江國清兄〉），部分文詞不同：「（1）端陽此日憶分離，細雨絲絲似淚垂。聞道鷺江衣帶水，時時引領望天涯。（2）吟樓獨坐寂無聊，惆悵離愁何日消。頻倚欄杆搔首望，鷺門渺渺水雲遙。（3）暮雲春樹感淒涼，一日三秋幾斷腸。惟願晨昏須奮勉，學成名就早還鄉。（4）故國睡獅正欲醒，竚看怒吼震雷霆。即今錦繡江山裡，兵燹哀鴻不忍聽。」其中《詩報》第三首末句未押韻，恐編輯校正有誤（回卿→回鄉）。

〔註76〕《詩報》第 16 期，昭和 6 年（1931）7 月 15 日，頁 4。

〔註77〕筆者根據〈寄懷黃詠鶴硯兄〉詩中「扁舟幾度往還歸」、「高雄遙望」與〈端

鷺江位於中國廈門，是當年鄭成功來台以前的反清復明的根據地，〔註78〕與台灣高雄旗山一水相隔。文中蕭乾源思念遠方求學的范國清，希望好友早日學成歸國，然而此時「故國睡獅正欲醒」，戰爭一觸即發，對詩人而言，中日之戰猶如手足相殘，一方面牽掛友人離鄉，一方面恐局勢變異，憂心之情溢於言表。

3. 阮文仁

阮文仁筆名夢辰、僑客，阮寶治親生之子，其姐蕭陳牡丹（阮寶治養女）嫁與好友蕭乾源，兩人乃郎舅關係，蕭振中稱呼為舅公，為旗山中華會館成員之一。昭和1年（1926）「旗山中華會館」成立，以福建籍華僑為主，由阮寶治擔任主席，主要任務為團結華僑力量、聯絡華僑感情、增進華僑福利、辦理華僑公益事業及慈善救濟等，提供鄉親無力謀生者食住問題，遇有鄉親生病或失業者，除延醫治病及介紹工作外，更給予精神鼓勵。〔註79〕昭和 7

午日懷鷺江范國清君〉中形容鷺江「水雲遙」、「領望天涯」等，推測當時黃、范兩人皆負笈鷺江。

〔註78〕海港城市廈門是閩南的政治、經濟、文化的中心，這裡氣候宜人、風光秀麗，素稱「海上明珠」。據說古時候，這裡是白鷺棲息之地，因此廈門又稱為鷺島、鷺洲，廈門與鼓浪嶼之間海峽又稱為鷺江。……在鼓浪嶼的東北端有一座巨大的石像，那是一個將軍披甲按劍、迎風而立，雄視萬里海疆，這就是民族英雄鄭成功的像。鄭成功在廈門經營多年，留下了水師操練台、屯兵寨、演武廳等許多遺跡，水師操練台遺址的巨石上所刻的「閩海雄風」四個道勁剛健的大字，據說也是鄭成功的筆跡。〈鷺洲雄風憶延平〉，網址：http://www.millionbook.net/xd/y/yiming/sjmc/021.htm，檢索日期：2014 年 12 月 10 日。

〔註79〕乙未割台，台灣「淪日」，閩粵人士東渡，日閥基於當時台灣社會需求以及一般國際通例，並沒有加以全面設限，內地渡台人士仍然逐年增加，只是初期台灣沒有「中國領事館」，因此唐山人（內地籍人）與日本當局交涉，只得委託於第三國人士，據稱以德國人最多。「唐山人」出外來台，深覺有「結社」之必要，乃由容祺年、楊懷瑾、林步雲、陳焯如等人發起在台北創設「清國會館」。1903 年（光緒 29 年）3 月 3 日提出申請立案，旋於同年今日核准設立，但名稱卻改稱「在台華民會館」。「在台華民會館」於獲准後 6 日（4 月 22 日）正式成立，何時解散，已不可考，惟「唐山人」結社並未從而中斷，1922 年 1 月 12 日，高銘鴻邀同「在台華僑」於台北創設「華僑俱樂部」，次年雙十節，正式改組成為「台灣中華會館」，並積極協助台灣各地也繼起設立「中華會館」，1924 年高雄、台中中華會館相繼成立；1925 年埔里又告設立，再過一年，又有嘉義、花蓮港、基隆、台南、旗山、北港、羅東、苗栗、屏東、宜蘭、斗六等地紛紛設立。1927 年 3 月 15 日，各地會館暨內地旅台人士在台北召開第一次全島代表大會，決議成立「台灣中華總會館」。內容節錄自

年（1932）由阮寶治所領導的旗山中華會館，吸收住在旗山觀音媽廟的江保成爲同志，展開了一波秘密抗日活動。昭和 8 年（1933）發生小林事件，江保成聯合小林部份村民共同抗日，因事跡敗露，尚未起事即遭日警圍莊搜捕，多人被捕入獄，阮寶治也身陷其中。中日戰爭期間，台灣總督府展開大檢舉，首先肅清所有在台「中華會館」，前後二次搜捕，凡中華會館的幹部及代表，皆被逮捕並予以嚴刑拷打，迫其招認有「抗日救國團」，台灣各地中華會館成半封閉狀況。阮文仁身爲中華會館成員，本身也有明顯的抗日復國思想，昭和6年（1931）蕭乾源寫下〈寄懷中華阮文仁先生〉，《詩報》上稱中國爲「故國」，同詩收入《資生吟草》時則改稱祖國，看得出年輕時的蕭乾源雖受日治統治，但心繫中國情勢，內容除了思念友人外，更見知識分子積極奮起的民族意識。昭和10年（1935）阮文仁曾寫下〈中秋夜和蕭君乾元見贈瑤韻〉：

> 一年容易又中秋，異地何堪客思悠。明月團圓無限感，金杯激灩許多愁。
>
> 浮生祇覺人情淡，處世頻牽國事優。熱血滿腔何處洒，空懷投筆覓封侯。〔註80〕

文中阮文仁感傷人情淡薄，憂心國事，滿腔熱情卻客愁異地，即使有投筆從戎之意，卻有志難伸，因此向好友抒懷心志。昭和 12 年（1937），中日戰爭爆發，蕭乾源以〈敬步文仁兄原玉〉一詩向阮文仁抒懷：

> 敲膚吸髓感台灣，遍地哀鴻未忍看。祖國風雲今正急，此身何處得開顏。

> （1937年，《資生吟草》丁丑年〈敬步文仁兄原玉〉）

七七事變起，中國戰事告急，蕭乾源不忍遍地哀鴻，無法親至中國參加抗日活動，只能藉詩作傳達心中焦急悲憫之心意，祖國情懷不言可喻。

4. 黃志輝

蕭乾源曾寫下〈春日呈黃志輝詞兄〉、〈步志輝兄原玉〉二首、〈寄懷志輝兄〉二首等。值得一提的是，昭和6年（1931）7月15日蕭乾源寫下〈寄懷黃詠鶴硯兄〉，比較《資生吟草》中的〈寄懷志輝兄〉，二首七絕內容極爲雷同，同年9月15日《詩報》也刊登了〈寄懷黃志輝先生〉，詩中蕭乾源牽掛

莊永明先生：《台灣紀事（上）（下）》（時報出版），網址：〈http://cn.rti.org.tw/taiwan/TaiwanHistory.aspx?id=273&Month=4〉，檢索時間：2014 年 12 月 28 日。

〔註80〕《詩報》第 96 期，昭和 10 年 1 月 1 日，頁 15。

遠行好友，盼能如子猷般乘興訪戴，不只詩句意境相似，與黃詠鶴負笈鷺江時間吻合，推知黃詠鶴（永好）與黃志輝應為同一人。

表 3-2　蕭乾源詩作比對表

題　目	詩　文	出　處	日　期
寄懷黃詠鶴硯兄	殘春握別雨霏霏，離恨縈懷魂欲飛。我效子猷思訪戴，扁舟幾度往還歸。	《詩報》第 16 號	1931-07-15
	秋水伊人眼欲穿，文旌何日可言旋。高雄遙望空惆悵，別後銀蟾兩度圓。		
寄懷志輝兄	殘春握別雨霏霏，折柳長亭魂欲飛。底事駒光如駛急，榴花紅艷滿牆圍。	《資生吟草》	1935
	秋水伊人眼欲穿，文旌何日再言旋。雲山渺渺空遙望，惆悵高雄海角天。		
寄懷黃志輝先生	睽違一日似三秋，渭北江東兩地悠。回憶西窗同剪燭，更闌欲泛訪逵舟。	《詩報》第 20 號	1931-09-15

　　黃志輝即黃詠鶴，曾為旗峰吟社社長，並參與雄州吟社活動〔註81〕，擔任屏東縣九塊鄉臨溪吟社詞宗〔註82〕，學識出色極受推崇，蕭乾源曾呈詩：

> 東風嫵嫵百花鮮，李白桃紅另樣妍。惟羨鴻才能揭地，每慚雀志不
> 掀天。

　　（1930 年，《資生吟草》庚午年〈春日呈黃志輝詞兄〉二首之一）

蕭乾源以燕雀之志為喻，自慚不及黃志輝的揭地鴻才，滿懷欽羨敬仰之情。昭和 6 年（1931）黃志輝赴中國鷺江學習，臨行前曾寫下〈雞聲〉：

> 夢醒鄰雞唱曉天，征人心動難再眠。喈喈斷續情無限，奮起前程勇
> 着鞭。〔註83〕

黃志輝以征人自比，表明遠行在即，自許帶著奮發進取之心，揮鞭勇往直前。他的離開讓蕭乾源萬般不捨，因而作詩抒懷，以詩句「離恨縈懷魂欲飛、遙望空惆悵、欲泛訪逵舟」等，訴說內心的不捨與失落，企盼好友早日學成歸國，思念之情溢於言表。

〔註81〕黃詠鶴曾於昭和 6 年（1931）10 月參與雄州吟社第五期擊缽錄，詩題〈江中月〉。見《詩報》第 22 期，昭和 6 年 10 月 15 日，頁 22。

〔註82〕黃永好曾於昭和 6 年（1931）擔任臨溪吟社〈暮秋〉左詞宗。見《詩報》第 22 期，昭和 6 年 10 月 15 日，頁 11。

〔註83〕《詩報》第 21 期，昭和 6 年 10 月 1 日，頁 4。

（二）美濃詩人

1. 朱阿華

據《美濃鎮誌》介紹，晚清秀才朱阿華生於清同治 7 年（1868），歿於民國 38 年（1949），年 82 歲，為著名詩人朱鼎豫之叔父，世居龍肚茶頂山腳下。朱阿華創立美友吟社，與黃石輝合辦旗美吟社，詩品高潔，歷經清末、日治與民初三個時代，見證政局轉變，家國感慨深刻，具強烈民族氣節。朱阿華一生行徑光明磊落，人格高尚，美濃醫生詩人陳保貴以陶潛相比，讚其「卜地蛇山別一莊，半耕半讀樂悠揚，鹿門月共浩然靜，陶宅菊同靖節香。」作品雖多散失，無礙其對旗美地區傳統詩人的影響。

昭和 10 年（1935）蕭乾源帶領旗峰吟社社員與朱阿華等人結盟，於廣善堂輪開聯吟會。之後朱阿華開始參加旗峰吟社擊鉢詩會，昭和 11 年（1936）10 月 2 日，《詩報》上刊登旗峰吟社擊鉢會上特別歡迎朱阿華、蘇維吾、施雁翔三人，當次擊鉢詩題為〈秋懷〉，即由朱阿華擔任左詞宗。之後朱阿華也曾參與詩社擊鉢競詩，如〈秋聲〉（1936.10.15）曾獲左三右七。

昭和 16 年（1941）重陽節，朱阿華與旗山黃石輝兩人創立旗美吟社，亦於廣善堂擊鉢聯吟，參與人員包括林富琦、童一生、宋永成、朱鼎豫、李春生、謝炳祥、劉慶雲、劉順安、簡義、蕭乾源、古信來等人。昭和 18 年（1943）朱阿華 75 歲壽誕，蕭乾源寫詩慶賀：

> 誌慶先生七五春，愧無佳句可披陳。□庭蘭桂欣爭秀，府第禎祥喜自新。
>
> 笑我命乖慚待□，羨翁學富勝堆囷。古來仁者偏多壽，應報前生積德因。
>
> 龍山彌水瑞雲明，矍鑠如翁福壽□。絳縣龜齡欣後輩，磻溪鶴算慶先生。
>
> 淡交墨客三多祝，奮勇蘭孫萬里征。德望美濃稱獨著，忘年幸得締吟盟。〔註84〕

文中蕭乾源讚譽詩人前輩德高望重，仁者長壽。兩人分屬閩客，年紀差距 45 歲，感情猶能如此深厚，實在難得。朱阿華嚮往陶淵明隱居山林之樂，偶而

〔註84〕《詩報》第 287 期，昭和 18 年 1 月 1 日，頁 22。以下所援引《詩報》漢詩部分，皆從〈日治時期期刊全文影像系統〉引錄而來。部分字句因影像難以確認，缺疑處為避錯誤，故以□代之。

與三五詩友吟唱，教授後學，享受愜意的田園生活。民國 38 年（1949）朱阿華辭世，蕭乾源亦撰詩緬懷，詩人間深厚情誼可見一斑。

2. 陳保貴

美友吟社社長陳保貴（1887～1962），明治 20 年生於旗山郡美濃庄，明治 41 年 3 月以優異成績畢業於台北醫學校，是美濃第一位西醫詩人。陳保貴溫厚謹嚴，視病如親，曾與朱阿華同組美友吟社，其詩感情自然亦具民族氣節，寫下抗議詩〈熱血兒〉〔註 85〕，控訴異族統治下同胞遭受凌辱、不公平待遇，流露出詩人憂心祖國積弱不振，想投筆報效國家，對抗異族侵略的心意。

日治時期陳保貴擔任旗山醫師會幹事，也曾參加過旗峰吟社的擊缽競詩，如〈種菊〉（1935.10.17）獲左十、〈秋聲〉（1936.10.15）獲左右五等。晚年與旗山第一詩人蕭乾源往來頻繁互以詩相會，〔註 86〕去世時旗峰詩社獻上祭文與輓詩四首，收錄於《陳故保貴紀念集》。其子陳新賜克紹箕裘，亦為醫生詩人，創作鍾情描寫民生疾苦，時常流露出悲天憫人的情懷。根據朱鼎豫說法：戰後旗美吟會曾於癸巳（1953）、乙未（1955）兩年在旗山召集，丙申（1956）冬，老詞長保貴叔公在廣善堂召集現下之新吟侶而至今日。〔註 87〕由此可見，詩人一生行醫救人外，亦致力古典詩的創作與推廣，賡續漢文傳統，劉順安特以「儒林名士，醫界耆英」讚譽之。

3. 朱鼎豫

朱鼎豫，號嵯峨山人，美濃的詩人尊稱為「豫老」，明治 39 年（1906）生，卒於民國 83 年（1994），年 88 歲，家學淵源為朱阿華之姪，隨同庄鍾世學文作詩，文章詩詞名聞遐邇，譽滿鯤島。早年曾在美濃農事組合做過書記（現在的農會機構），因喜田園悠閒生活，嚮往陶淵明的躬耕自給與蘇東坡風範，不久歸園田居，是一位名符其實的田園詩人。朱鼎豫為旗美吟社、六合吟社成員，作詩善用典，語句優美，書法自創一格，日治以來，推廣弘揚詩教不遺餘力，詩人古信來、張琴龍經常將詩作讓豫老評賞指導，其作品常見

〔註85〕〈熱血兒〉：「祖國追懷淚滿襟，情殷浪逐恨難禁。內憂外患烽煙急，民弱邦危舊弊深。平白有懷投筆志，何時得邀請纓心。老當益壯希酬願，欲挽狂瀾異族侵。」
〔註86〕鍾怡彥：《美濃作家的在地書寫研究》，頁 11。
〔註87〕張琴龍著作兼總編輯：《旗美詩苑》第一冊，頁 22。

於美濃廣善堂、伯公廟等，勤學勤作。《旗美詩苑》提及朱鼎豫「在旗美吟社與蕭乾源老詞長並駕齊驅。」〔註88〕二人年紀相仿，透過詩藝切磋培養出深厚友誼。江明樹曾親訪當年旗美兩地活躍的詩人，包括簡義、林富生、鍾美盛、古信來、張琴龍、劉福麟等諸先生，津津樂道蕭乾源與朱鼎豫間的交遊：

> 有名的蕭乾源、朱鼎豫兩詩人是旗美公認的「一時瑜亮」……，他們勇於打破地域隔閡，筆者曾看到朱鼎豫托古信來，帶給蕭乾源的和詩，詩人高貴的情操，躍於紙上，朱鼎豫不通河佬話，蕭乾源不諳客家語，藉詩詞傳遞雙方的心靈感受，靠文字仍能愉快的溝通，兩人深厚的友誼畢露無遺，令人感佩，「旗美吟社」合作集會吟詩長達四十年而不斷，將可以成為旗美兩地的歷史大事哩！〔註89〕

自清代以來，旗山與美濃兩地居民常發生糾紛，甚至集體械鬥，閩客長期處於敵對狀態，透過旗美聯吟會與旗美吟社，詩人以文藝互動打破隔閡，即使語言不通，仍可藉由詩詞傳遞心靈感受，靠文字互相習詩唱和，情誼更顯難得。

照片 3-15：礚嶠山人——朱鼎豫先生
照片來源：《旗美詩苑》（頁3）

〔註88〕張琴龍著作兼總編輯：《旗美詩苑》第一冊，頁3。

〔註89〕江明樹：〈記旗美吟社〉，《六堆風雲》，網址：〈http://hakka.zzd.stu.edu.tw/content. php?id=1783〉，檢索日期：2014 年 8 月 8 日。

（三）其他文友

1. 黃石輝

黃石輝生於明治 33 年，卒於民國 34 年（1900～1945），本名黃知母，高雄州鳳山郡人，曾靠短暫私塾自習文言文與白話文，其文藝表現跨越新舊文學領域。

黃石輝從屏東時期便開始寫作漢詩，遷居旗山後亦參與詩社活動，除了受蕭乾源之邀指導後進詩學外，也創作不少漢詩作品，與友人共同創立其他詩社。

大正 6 年（1917）8 月，尤養齋邀集社會人士和私塾弟子組成礪社，當時黃石輝正在屏東，得知詩社成立便立即加入，成為屏東著名漢詩人。大正 14年（1925）4 月，詩社掌舵者尤養齋去世後，歷經改組分裂，蘇維吾和黃石輝成為實際領導者。不同於尤養齋以振興漢學為任，黃石輝與蘇維吾一改傳統詩社的活動樣貌，提倡學習白話詩文，致力於新文化和新觀念的倡導，所討論的主題明顯觸及社會層面運動，漸取代昔日騷人墨客文字宴飲的擊鉢雅集活動，自此礪社不再是由塾師、弟子和文友共同組成的傳統詩社，而是具有左傾思想〔註90〕、批判意識及反抗色彩的社團。礪社的左傾質變引來日本官方不快，黃石輝開始受到當局關注，移居旗山後也遭日警監控。

大正 14 年（1925）台灣發生彰化二林事件、高雄鳳山蔗農事件，隔年成立全台統一的台灣農民組合。台灣農民曾向蔗糖會社激烈反抗，自大正 14 年（1925）來已激盪出五個農民組合，在這樣的歷史背景下，1930 年代的台灣社會出現了許多左翼作家，當時來自屏東礪社的黃石輝，即是旗峰吟社中極具左傾思想的代表人物。昭和 5 至 6 年（1930～1931）黃石輝分別在《伍人報》和《台灣新聞》發表〈怎樣不提倡鄉土文學〉和〈再談鄉土文字〉兩文，帶動了「台灣話文運動」。昭和 7 年（1932）黃石輝先應朋友之請隻身至旗山工作，之後全家定居旗山，認識許多活躍於旗山美濃一帶的傳統詩人，包括蕭乾源、朱阿華、劉順安、簡義、朱鼎豫等人，不僅參加旗峰吟社也創辦了

〔註90〕提到台灣的民族主義運動，可分成右翼與左翼兩條路線，右翼路線，基本上採體制內改革的策略，以資產階級為領導中心，大致是在殖民者所規定的範圍內進行；至於左翼路線，採取體制外抗爭路線策略，以無產階級為反抗主力的左派運動，並不遵循台灣總督府的法律規定，曾進行秘密的政治結社，也發動公開的罷工示威。詳見陳芳明：《台灣新文學史》（台北市：聯經，2011年 10 月），頁 67。

旗美吟社。黃石輝認為在日人同化殖民政策下，擊缽課題可以磨練詩人們的思考力、創作力，進而解救台灣漢學之式微，認為擊缽吟詩著重思考訓練，持續創作可避免漢文邊緣化，鼓勵詩友繼續鑽研漢學。〔註 91〕從加入礪社、旗峰吟社到與朱阿華等人創辦旗美吟社等事蹟，可見黃石輝對於漢詩的喜愛與傳承態度。這位跨越新舊文學領域，強調文學本土化的左翼文人，舉家移居旗山後，更用心於漢詩教學與創作，正面肯定漢詩的時代意義。

　　日治以來，糖業經濟一直是旗山重要的經濟收入，但製糖會社偷斤減兩，導致蔗農血本無歸，才會出現「第一憨，種甘蔗乎會社磅。」這類俗諺，道盡蔗農心中的憤怒無奈。蕭乾源身為旗山子弟，必定清楚鄉人被剝削的心酸，了解左翼思想所主張的公平正義。昭和 10 年（1935）黃石輝舉家遷居旗山時，蕭乾源立即託人找到黃石輝，希望他為社員授課，一方面仰慕詩人之名，另一方面也是暗自認同其理念，才能不畏當局監視關注，與之交遊。蕭乾源夫人曾說：

> 黃石輝這個人，我印象十分深刻。個子矮小清瘦，平時舉止文質彬彬，常到我家跟我先生以及一票詩友吟詩、喝酒。酒喝多了，很會批評日本政府。有一次，我還親眼看到他醉酒後，跑到亭仔腳抱著亭仔柱痛罵四腳日本人。〔註 92〕

黃石輝在旗山經營「心影印房」印鋪店，因為過往的左翼思想，常受到當地日警監控，據黃承系先生回憶說，那時他父親的身體狀況雖然不佳，但聽別人說他好像還有跟中部一帶的農民組織聯絡，只是沒聽說他加入而已，〔註 93〕而此可見，儘管黃石輝遷居旗山後文學生活多半圍繞在漢詩創作和詩社活動上，但痛恨日本殖民政府的態度仍深植心中。蕭乾源灑脫豪爽，常與其他詩友聚會交流，熱心資助詩社運作，與黃石輝、黃光軍、阮文仁、黃華山〔註 94〕等具有抗日思想的人互動密切，絕非單純親日之輩。

〔註 91〕黃文車：《黃石輝研究》（嘉義：國立中正大學中國文學研究所碩士論文，2001年 6 月），頁 167。

〔註 92〕此段田訪見於江明樹：〈旗峰詩社的扛鼎詩人──蕭乾源〉，收錄於氏著《蕉城風雨》（高雄：春暉，1997 年 3 月 1 日），頁 12，轉引自黃文車：《黃石輝研究》，頁 51。

〔註 93〕此段田訪轉引自黃文車：《黃石輝研究》，頁 16。

〔註 94〕簡文敏依據抗日華僑事蹟登載，與江保成聯絡或支助者包括阮寶治家族、嚴振貴、王槐三、林家灼、黃華山、張賜、王明義、丁成、邱春來等，成員分別有閩南與客家華僑。簡文敏：〈族群文化價值與地方文化模式建造〉，頁 5。由此可知，黃華山亦是抗日分子。

照片 3-16　蕭乾源、黃石輝、黃華山三人合照
照片來源：江明樹先生提供〔註95〕，後中蕭乾源、前右黃石輝、前左黃華山

2. 陳龍吟

陳龍吟，台南詩人，昭和 6 年（1931）《專賣通信》第 10 卷第 11 號曾刊載〈書懷呈蕭乾源先生〉：

> 飄零深愧不如人，卻為耽詩誤了身。未展經綸屈小吏，枉拋書劍困征塵。
> 半生自覺平洋虎，斗水誰蘇涸轍麟。倘躍禹門隨變化，翻江吸浪上雲津。〔註96〕

同首詩也刊載於《詩報》第 19 期，部分文詞做過修改。〔註97〕文中陳龍吟自嘆「未展經綸屈小吏，枉拋書劍困征塵」，自比落難之虎和涸轍之魚，勉能魚躍龍門，平步青雲，最後一句融入蕭乾源字號「雲津」，更顯詩文誠意。

〔註95〕筆者曾於 2015 年 3 月 1 日於旗山麥當勞訪問江明樹先生，照片與《旗峰鐘韻擊缽詩集》、《溪山嘯詠集》由江明樹先生提供翻印。

〔註96〕陳龍吟：〈書懷呈蕭乾源先生〉，《專賣通信》第 10 卷第 11 號（1931 年）。資料來源：日治時期期刊全文影像系統。

〔註97〕1931 年《詩報》第 19 號亦曾刊載〈書懷呈蕭乾源先生〉：「飄零我愧不如人，卻為耽詩誤了身。未展經綸空作繭，難成功業枉勞神。浮生自笑平洋虎，決水誰甦涸轍鱗。何日禹門隨變化，翻江吸浪出延津。」

二、戰後時期

　　楊雨河，民國 23 年（1934）7 月 1 日生，筆名易可，河南省寶豐縣人，自稱豫寶，為職業軍人。民國 37 年（1948）10 月來台。政治作戰學校正規班畢業，曾任《青年戰士報》金門戰地記者、金門防衛司令部軍報社特派員、《臺灣新聞報》駐臺東縣特派記者、《更生日報》、《商工日報》記者，中廣、正東電臺特約記者，1983 年成立中國書法學會臺東縣支會、臺灣省文藝作家協會臺東縣分會、中華民國青溪新文藝學會臺東縣分會，並當選此三會理事長。曾獲民國 72 年（1983）臺灣省文藝作家協會文藝獎及 73 年中國青年寫作協會文藝獎工作優良獎。其創作文類以新詩及散文為主，麥穗說其詩「獨具風格而佈滿『禪味』和『古意』的風俗」、營造「一個空靈的思古之幽情的境界。」散文方面，因擅長書法及喜好佛學，作品除闡述中華文化的精神外，亦多有禪理及儒家的超脫。〔註98〕楊雨河 14 歲投軍，時值國共抗爭，隨部隊移防輾轉來到台灣，民國 40 年初駐紮旗山，與詩人羊令野一樣，現代詩古典詩齊發，結交新舊詩人，與河南老鄉周夢蝶，小說作家夏楚皆熟識，與洛夫、張拓蕪為同袍，武俠小說作家臥龍生是其上司，後來調至台東，因結婚而留駐，對書法情有獨鍾，致力推廣書法，是台東資深書法名家。

　　民國 87 年（1998）6 月 6 日，旗山地方舉辦蕭乾源文化獎，頒發獎座給有優異表現的旗山人士，儀式簡單隆重，特別垂青資深畫家、作家、詩人等，資深文化前輩楊雨河特別出席擔任頒獎者，即使蕭乾源已離世多年，楊雨河依舊不畏舟車勞頓趕至旗山參與盛會，更顯友情的真摯可貴。民國 89 年（1990）12 月 11 日，江明樹在《台灣時報》發表一篇〈人間有情詩締盟——蕭乾源與楊雨河〉，文中提及：

> 蕭乾源生於一九一二年，楊雨河生於一九三四年，蕭楊年齡相差二
> 十二歲，彼時（五十年前）楊氏在圓潭，溪洲駐防並兼新聞記者，
> 經常得以掛著特殊名牌外出，有一次，到「乾元藥房」採購中藥，
> 看到店鋪壁上有于右任賈景德的書法題字，交談之下，楊氏才知道
> 眼前的中醫師是名聞詩界且是「旗峰詩社」的社長，擅長書法與詩
> 的他，從此後互相傳閱詩稿，締結忘年交，有時休假日下塌蕭家樓，
> 與蕭老家人打成一片，並與蕭公子榮宗成為朋友，還寫了一篇新聞

〔註98〕　〈台灣作家作品目錄：楊雨河〉，《國立台灣文學館》。網址：〈http://www3.nmtl.
　　　　gov.tw/writer2/writer_detail.php?id=1970〉，檢索時間：2014 年 12 月 28 日。

稿宣揚其軍中表現優秀哩！

因緣際會下兩人相識，民國 44 年（1955）9 月 6 日，楊雨河曾送給蕭乾源個人照片留念，一旁寫道：「蕭乾元前賢詩人惠存：旗山巍巍，旗水潺潺！有斐君子！永使人紀！」〔註 99〕並附上暫居（賜教處：現在溪州○四二八信箱）及永久連絡地（河南寶豐中山鎮東街永福大藥房），署名後學雨河敬贈。往事久遠難憶，幸而照片手稿一直被珍藏著，蕭振中先生提到：因受邀擔任蕭乾源文化獎頒獎人，楊雨河先生專程來到旗山，在某次聚會中遇到楊老先生，拿出此照片時，老先生嚇了一跳說自己也沒有這張照片，後來特地拿去相館彩色影印再送給他，老先生感動莫名。〔註 100〕楊雨河回到台東後特地寫下〈旗山小記〉贈與蕭振中，文中回憶當時往事：

> 旗山小記：我於國四十四年隨軍駐管圓潭，□□秋季於竹峯里街上購中藥到乾元大藥行買「當歸」，當時主人蕭詩人問有參加全國古詩詩人大會否？我答有憶及在彰化、嘉義等地，因此甚□。國語不通、台語不懂，雙方交流，有其子女在一旁分別翻譯。余之台語於旗山開始學習，後來蕭詩人極愛戴我，相沿後，每逢年節，必受邀到府上過節。四十七年到金門擔任戰地記者，五十年返台，偶而連絡，前幾年蕭老詩人仙逝，余正「解甲」，為生活採訪事業，未能如願到旗山，直到現在，年已花甲以上，公職退休，每憶故人，倍覺思念，旗山告以誌之。　　　　　　　楊雨河著
>
> 蕭老詩人乾元公之嫡孫蕭振中雅存
>
> 豫寶少林子楊雨河□于圓八□、九、十五，台東市〔註 101〕

蕭振中表示阿公（蕭乾源）私底下攏是說台語，不曾聽過阿公說國語，光復後也很少聽到講日語。蕭乾源與楊雨河相差二十多歲，且分屬本省及外省籍，儘管一開始語言不通，還需靠著蕭乾源子女一旁翻譯，但愛戴敬仰的心意不變，常互相傳閱詩稿，締結忘年交，也與蕭榮宗（蕭乾源長子）成為朋友。蕭乾源因牽念楊雨河隻身來台無人照應，每至年節必邀至家中過節，如此情意不僅讓楊雨河銘記於心，也見證了蕭乾源跨越省籍族群的敦厚性格及長者風範。

〔註 99〕根據照片 3-17 手稿內容。

〔註 100〕口述資料為 2015 年 5 月 10 日，筆者至旗山東新街乾元藥局專訪蕭振中先生所得。

〔註 101〕根據照片 3-17 手稿內容。筆者無法辨識的文字以□代之。

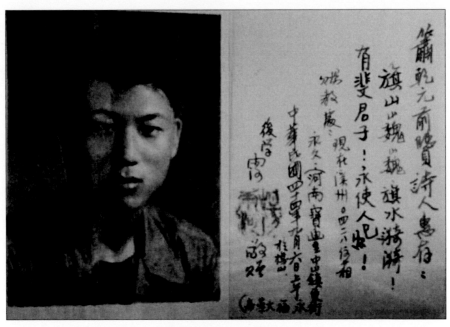

照片 3-17 楊雨河贈與蕭乾源先賢詩人惠存
照片來源：蕭振中先生提供

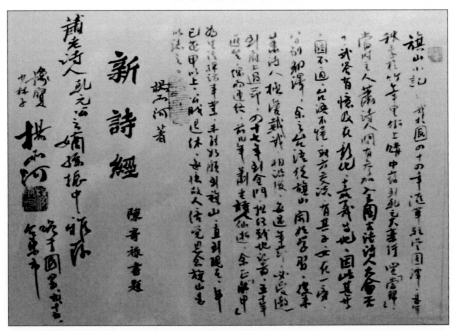

照片 3-18 楊雨河〈旗山小記〉，贈與蕭老詩人乾元公之嫡孫蕭振中雅存
照片來源：蕭振中先生提供